박희진 전집

③

후기시집 I

北漢山 진달래 1990 | 몰운대의 소나무 1995

시와 진실

내설악 백담사 계곡에서 · 1999

머 리 말

1983년 오십삼 세 때 나는 오래 근속했던 직장(동성중고교)을 그만뒀다. 당시의 동료 중엔 내게 번의를 적극 종용했던 분이 있었다. 「박 선생이 사표 내면 그 자리를 노려서 쇄도할 이력서를 생각해 보셨어요? 사람은 아무래도 일정한 출퇴근처가 있어야 합니다. 사직한 뒤의 무료와 권태를 견디다 못해 폐인이 된 사람을 더러 봤거든요. 정년이 되려면 아직도 많은 세월이 남았는데 계속 다니시죠. 박 선생이 소설가라면 또 모르겠습니다」 하지만 나의 결의는 단호했다. 「말씀은 고맙지만, 두고 보십시오. 저는 예외적 존재입니다. 이번이 더없이 좋은 기회인데 그걸 놓치고 싶지 않아요」

그 뒤 사태는 나의 예상대로 좋은 일들의 연속이었다. (이것은 물론 안 좋았던 일, 따분했던 일들은 다 지워버리는 나의 기억장치 때문이기도 하다) 어쨌거나 확실하게 말할 수 있는 것은, 이제 나는 하기 싫은 일은 안할 수 있는 자유를 누리게 되었나는 사실이나. 직장에 몸담고 있던 관계로 쌓였던 스트레스, 직업병 같은 것은 거짓말처럼 깨끗이 사라졌다. 내가 진실로 하고 싶은 일이란 시 쓰는 일인데, 이제 그 일에 매일 스물네 시간 볼두할 수 있게 된 것이다.

직장을 그만둔 다음 해인 '84년에는 숙망의 인도여행을 하였고, '85년에는 3권의 시집을 발간했다. '86년에는 안암동에서 쌍문동으로 거처를 옮겼고, 당호를 호일당(好日堂)이라 했다. 호일당은 정서향집이라 여름에 너무 더운 것이 탈이지만, 전망은 끝내준다. 큰 서창 가득 북한산의 주봉인 인수봉·백운대·만경대의 삼형제가 늘 준수한 자태를 드러내며 위안과 격려 어린 침묵의 메시지를 보내고 있다.「자네는 이제 얼마 남지 않은 여생을 최대한 선용해야 하네. '자연 탐구'라는 화두 하나만으로도 자네의 여생이 충분한 건 아냐. 거기에 한번 모든 걸 걸어 보게」

이리하여 나의 우이동 시대, 또는 호일당 시대가 시작된 것이다. 달리 말하자면, 좀 지나친 호언장담으로 들릴지도 모르지만 나와 한국과 세계와 우주를 하나로 꿰뚫는 시대가 열리게 된 것이다. 시집「북한산 진달래」는 우이동 시대 최초의 산물이다. 개인사적인 입장에서 볼 때 원숙기에 접어들었음을 증거하는 새로운 활기와 풍요로움으로 가득 찬 시집이라 할 수 있다.「후기시집·Ⅰ」의 출간을 앞 둔 차제에 실로 15년 만에「북한산 진달래」자서(自序)를 읽는데 다음과 같은 구절이 눈에 띄어 굳이 이 자리에 옮겨 두기로 한다. 지금의 심정도 당시의 그것에서 별로 달라진 게 없음을 알 수 있다.「나는 앞으로도 계속 자연에 몰두해 갈 것이다. 자연의 본질을 꿰뚫어 보고, 그 아름다움을 기리는 일을 통해 자연과 인간과의 새로운 친화를 추구해 갈 것이다. 또한 이 나라의 현묘(玄妙)한 도(道)를 찾아 겨레 혼의 정체성을 밝혀 갈 것이며, 그것의 구체적 가시적 표현인 문화유

산에서 조상의 숨어있는 지혜를 찾아내어 찬양하는 일도 아울러 꾸준히 계속해 갈 것이다. 나는 그 일이 말만큼은 쉽지 않고 많은 공부와 수행이 따라야 된다는 것을 알고 있다. 그러면서도 그 일에 그렇듯 매력을 느끼는 것은 내가 한국사람이기 때문이리라. 아름답고 오묘하여 신비롭기까지 한 금수강산에 태어났기 때문이리라」

「몰운대의 소나무」는 「북한산 진달래」보다 5년 뒤에 간행된 책이지만, 그 연장선상에 서 있는 시집이다. 저자로서 더는 말을 않는 것이 좋을 것 같아 이만 줄이겠다.

2005년 여름에 好日堂에서
水然 朴喜璡

박희진 전집 ③ 후기시집 I
차례

머리말 / 3

北漢山 진달래 (1990) / 9

몰운대의 소나무 (1995) / 211

해설 · 趙煥秀 / 430

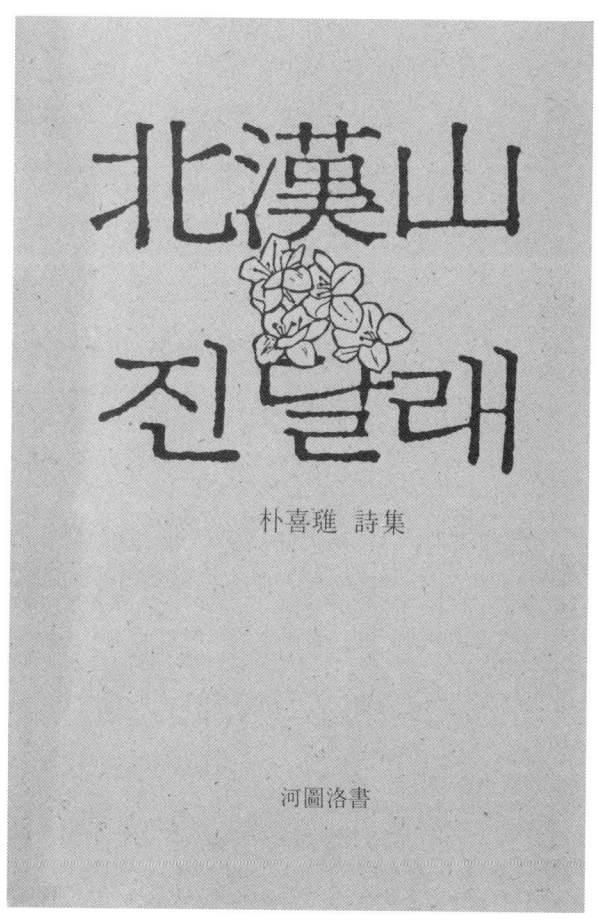

北漢山 진달래 · 1990

장정·끄레어소시에이트

자서

적극적으로 시류를 따르는 시인이 있다. 시대착오자라는 비난을 면하려는 소행일 것이다. 하지만 그는 이미 너무도 늦어 있다. 지각할 수밖에 없다. 그의 시는 조만간 퇴색해 버리거나 물거품처럼 사라지고 말 것이다.

참된 시인은, 어쩔 수 없이, 시대를 앞서게 되는 게 아닐까. 쓴다는 것은, 발레리가 말했듯이, 예견하는 일이기 때문이다. 시대의 중압이나 혼미에 휘말려서, 또는 자신의 개인적인 내적 사정으로 시인이 도무지 갈피를 못잡는 경우가 있으리라. 그런 때엔 침묵을 지키는 게 상책이다. 억지로 시를 쓸 일이 아니라, 극복을 위한 자기정화와 알찬 공부로써 침묵의 시간을 감내할 일이다.

도자신생(道自身生) — 도는 스스로 몸에서 나온다는 말이 있다. 나는 이 말의 진실을 믿는다. 이 몸이 혼탁하여 꽉 막혀 있을 때엔 나는 한낱 진드기 신세다. 캄캄절벽이다. 반면에 이 몸이 환히 뚫려 투명한 상태일 땐 나는 마치 여의주라도 쥔 듯한 기분이다. 사방을 막았던 암운이 걷히고, 우주로 통하는 시계가 열려 있다. 나는 다시 견자(見者)로서의 시력(vision)을 회복한다.

내게 시작(詩作)은 내 몸이 막히는 일과의 싸움이라 할 수도 있다. 그 싸움에서 이겨야 한 편의 시가 쓰여진다. 그런 의미에서

"남과의 싸움에서 레토릭이 태어나고, 자기와의 싸움에서 시가 태어난다"는 예이츠의 말은 늘 깊은 공감을 자아낸다.

누가 나더러 지금까지 살아온 시인으로서의 방법을 묻는다면 나는 이렇게 대답할 것이다. "나는 오직 한결같이 나 자신을 추구해 왔을 따름" 약년기부터 나는 나 자신의 정체가 무엇인지 알 수는 없었지만, 그 가능성만은 믿어 온 게 사실이다. 비록 처음엔 보잘 것 없었지만, 누구의 것하고도 바꿀 수는 없다 싶던 자신의 능력을 키우고 갈고 닦아 극한에까지 밀고 나가야만 최대한의 실존과 자유를 누릴 수 있겠기에, 나로선 할 수 있는 최선을 다해 왔다. 그 미완의 성과가 바로 열두 권의 시집이다. ……하면 너무 간단해서, 혹은 단호해서, 독자들에겐 어이없게 들릴는지?

나는 올해 60세다. 두보는 59세, 릴케는 51세에 죽었다. 이제 그들보다는, 행인지 불행인지, 오래 산 몸이라, 이렇듯 회고조의 감상적인 발언을 한 셈이니 용서하시기를.

열두 번째 시집 「北漢山 진달래」. 이 시집에는 내가 현재 살고 있는 우이동(행정구역상으로는 쌍문1동)으로 이사오기 전 해인, 1985년부터 지금까지 만 6년간의 소작이 실려 있다. 그중 1행시와 4행시는 제외했다. 그것들은 나중에 별도의 시집으로 묶게 될것이다. 아뭏든 대부분의 작품은 이곳, 우이동 생활의 소산임을 밝혀 두고 싶다.

  도봉산과 북한산, 두 명산의 산세를 한눈에 조망할 수 있고, 수시로 그곳에 넘나들 수 있는, 이곳 우이동에서 여생을 보내게 된 것에 나는 무한한 안도와 위안을 느낀다. 운명의 여신에게 충심으로 감사하고 있다. 이 좋은 환경에 사는 덕택으로 나에겐 많은 사상적인 계발이 있었다. 우리 동양 일반, 특히 한국의 정신사에 있어서, 일관된 발상의 틀이라 할까, 사유의 근간을 이루어 온 것은 천(天)·지(地)·인(人) 삼재(三才) 사상이라 할 수 있다. 거기엔 필시 이 나라 산수미의 걸출한 오묘함이 결정적인 작용을 했으리라 본다. 오묘한 풍토라야 오묘한 인물과 사상을 낳을 수 있지 않겠는가. 저 최치원이「나라에 현묘(玄妙)한 도가 있으니 풍류라 한다」고 했을 때의 풍류정신, 그것은 바로 천(天)·지(地)·인(人) 삼재(三才)의 절묘한 균형과 조화에 대한 찬미인 것이며, 그것의 유지 발전을 꾀하려는 슬기로움인 것이다. 천지 즉 자연이 인간을 낳았고, 인간은 또한 문명을 낳았으니, 자연과 인간과 문명은 기실 한 생명선상에 있는 것으로서, 유기체적 연관을 보전해야 마땅하다. 그러자면 인간이 자연과 문명의 양자 사이에서 양자를 슬기롭게 조절할 줄 알아야, 天·地(=

自然와 人(=인간+문명)은 그 본래의 三才로서의 균형과 조화를 유지할 수 있으련만, 오늘의 실상은 이와는 너무도 동떨어져 있는 것이 심히 안타깝다. 오늘날 지구촌이 안고 있는 위급하고도 가공할 문제들, 그것들을 여기서 일일이 살펴볼 필요가 있을까?

강이 썩어간다. 바다가 죽어간다. 흙이 질식한다. 대기가 앓고 있다. 생태계가 파괴되어 동식물이 쇠멸의 위기를 맞고 있다. 그런 종말적인 사태의 주범이 인간이면서도, 인간만은 기어이 살아남아 길이 번영을 누리게 되리라는 착각과 치몽에 빠져 있음이여!

나는 그렇다고 인간에 절망하고 있는 것은 아니다. 오히려 인간이 그 진면목을 잘만 발휘하여 빛낼 수 있다면, 인간은 여전히 가장 신비로운 우주의 영재(靈才)로서 삼라만상과 공존공영할 수 있으리라 본다. 〈인간은 지구의 신비이고 지구는 우주의 신비이다〉 이것은 나의 1행시인데, 나는 아직도 이러한 생각을 견지하고 있다. 하나밖에 없는 지구, 이 아름다운 강산의 보전은 진실로 전인류의 소망이며 의무가 아니랴.

나는 앞으로도 계속 자연에 몰두해 갈 것이다. 자연의 본질을 꿰뚫어 보고, 그 아름다움을 기리는 일을 통해 자연과 인간과의 새로운 친화를 추구해 갈 것이다. 또한 이 나라의 현묘(玄妙)한 도(道)를 찾아 겨레 혼의 정체성을 밝혀 갈 것이며, 그것의 구체적 가시적 표현인 문화 유산에서 조상의 숨어 있는 지혜를 찾아내어 찬양하는 일도 아울러 꾸준히 계속해 갈 것이다. 나는 그 일이 말만큼은 쉽지 않고, 많은 공부와 수행이 따라야 한다는 것을 알고 있다. 그러면서도 그 일에 그렇듯 무한한 매력을 느끼는 것은 내가 한국사람이기 때문이리라. 아름답고 오묘하여 신비롭기까지 한 금수강산에 태어났기 때문이리라.

결국 자연 탐구는 인간 탐구다. 자연과 인간은 둘이 아니므로. 자연 오염은 인간 오염이요, 자연 파괴는 인간 파괴임을 우리는 절실히 각성해야 한다. 당대의 과제인 '인간 회복'은 자연과의 친화를 회복함으로써 성취할 수 있다.

끝으로 몇마디. 이 시집엔 상당히 이색적인 부분이 있다. 제5부, 〈바늘 돋친 심장〉의 7편. 이는 완전히 타의에 의해 주어진 계기에서 쓰여진 시편이다. 모일간지의 특별 청탁으로 그리 된 일인데, 어떤 화가가 임의로 그린 그림을 보고 화의(畵意)에 맞추어 시를 쓴 거라는 이야기인 것이다. 물론 기꺼이 승락한 이상 최선을 다했다. 그러므로 그것들도 내 시임엔 틀림없다. 통속취향이기는 하나, 독자들은 어쩌면 미소를 머금고 재미있게 읽어주지 않을까 싶어 시집에 싣기로 한 것이다.

1990년 늦가을에 호일당(好日堂)에서

水然 朴喜璡

차 례

자서 / 11

1 산은 높고 바다는 깊다

지리산시초(智異山詩抄) / 25

겨울 북한산 / 30

진달래 촛불잔치 / 31

진달래와 아이들 / 32

북한산 진달래 / 33

명산명시인가(名山名詩人歌) / 35

백담사 가는 길 / 36

백담사 / 38

수렴동 산장 / 39

쌍폭 / 41

봉정암 오층석탑 / 43

대청봉(大靑峰)에서 / 44

소청봉에서 양폭으로 / 47

비선대에서 / 51

숲 속의 단풍나무 / 53

진달래 정토길 / 54

쌍계사 가는 길 / 55

쌍계사 / 56

불일폭포 / 57

환학대에서 최치원을 생각하다 / 60

수락산과 불암산 / 64

태양의 길 한려수도 / 66

거제도 해금강 / 69

장사도 / 74

무인도 이름짓기 / 75

2 십장생신명가(十長生神明歌)

소나무에 관하여 / 79

십장생신명가 / 89

추일영가(秋日靈歌) / 90

학 / 92

사슴 / 93

거북 / 94

불로초 / 95

3 청자시편(靑磁詩篇)

청자상감송하탄금문매병(靑磁象嵌松下彈琴文梅瓶) / 99

청자동자상(靑磁童子像) 이모저모 / 100

청자구룡정병(靑磁九龍淨瓶) / 105

청자상감운학문매병송(靑磁象嵌雲鶴文梅瓶頌) / 106

청자상감포류수금문판(靑磁象嵌蒲柳水禽文板) / 111

청화백자조어문화병(靑華白磁釣魚文花瓶) / 112

4 춤본

춤본 / 115

녹색의 열(熱) / 120

야마다 세쓰꼬 / 123

빈사의 백조 / 124

김숙자(金淑子)의 춤 / 125

cosmic dancer / 128

5 바늘 돋친 심장

저 산비둘기가 부끄럽지 않나요 / 133

조각달의 장난 / 135

당장엔 깨가 쏟아진다하더라도 / 137

바늘 돋친 심장 / 139

어느 플레이보이의 고백 / 141

집도 절도 없고 / 143

또 한 해를 넘기기 전에 / 145

6 금성인(金星人)의 새해 편지

금성인의 새해 편지 / 149

무진년 새 아침에 / 152

1988년을 보내면서 / 154

어느 주부의 새해 편지 / 156

새해엔 날마다 좋은 날 되소서 / 158

경오년 새해 밝자 / 161

7 단원(檀園)과 매화

이런 진풍경 / 165

마치 꿈처럼 / 166

여우의 사랑 / 167

이런 개 팔자(八字) / 168

서울대공원 동물원에서 / 169

순백의 겨울날 / 173

어떤 인상 / 175

오늘 / 176

진예의 멋 / 177

녹차송 / 178

무심차(無心茶) / 179

홀로 마시는 / 180

다신송(茶神頌) / 181

겨자씨만한 비행접시 타고 / 182

어떤 풍경 / 183

무제 / 184

무자(無字) 원두막 / 185

빈집에 홀로 / 186

마치 새로운 신화의 시작인 양 / 187

김룡사 / 188

희양산 봉암사 / 189

신륵사운 / 190

단원(檀園)과 매화 / 191

매화서옥운(梅花書屋韻) / 192

동심송(童心頌) / 193

시의 이해를 위하여

본연의 삶 / 197

진달래 정토길 / 204

난초와 나 / 208

＊ : 다음 쪽에서 연이 바뀜을 나타내는 표시

1 산은 높고 바다는 깊다

지리산시초(智異山詩抄)

노고단(老姑壇)

화엄사에서 노고단까지 올라가는 데
하루 해를 다 보내다.
땀을 아마 세 사발은 흘리다.
피가 맑아지려면 비지땀을 흘려야,
배가 들어가야, 군살이 빠져야……
하면서 나는 안간힘을 썼기 때문,
어머니 젖 먹은 힘까지 뺐기 때문.

산길

지리산엔 온갖 산길이 있구나.
만산홍록(滿山紅綠) 뚫고 이리저리 누비는 길,
오르막 길, 내리막 길,
낙엽이 깔린 숲 속의 오솔길,
허리께까지 와 닿는 시누대 길,
자갈 길, 진흙 길,
쓰러진 고목이 그대로 다리인 길,

물씬물씬 부엽토(腐葉土) 냄새가 나는 길,

태고의 정적이 숨쉬고 있는 길,

기암괴석 사이 냇물이 흐르는 길,

탁 트인 전망의 호쾌한 능선 길,

떡갈나무 터널 길,

억새 우거진 길,

이끼 낀 돌만을 밟게 되는 길,

문어발처럼 큰 나무들이 뿌리를 드러낸 길,

달빛이 입맞추는 이슬 젖은 풀섶 길,

지리산엔 온갖 산길이 있구나.

지리산은 과연 무진장이로구나.

기막힌 순간

상수리나무 숲 속에서

나는 기진하다.

일행에서 처지다.

(왜 모두 서둘러 가야만 하는 걸까)

노랗게 물든 상수리 잎들 새로

물기 어린 파아란 하늘이
뚝뚝 떨어지다.
마침 석양 빛으로
반투명의, 밝은 노랑은 너무도 아름다워
나는 주르르 눈물을 흘리다.

장터목 산장

밤중에 일어나서
변소를 찾는데,
오, 뼛속까지 스미는 찬 바람,
(북극도 이렇게 춥지는 않을라!)
거인의 싸늘한 두개골 같은
달이 나를 보자
하늘의 얼음 깨고
이마에 와 부딪친다.

고사목(枯死木) 밭

산비탈이 온통 고사목 밭이어라.
이렇게 순수한 주검들도 있었구나.
피는 다 철쭉의 꽃잎들로 가게 하고,
힘줄은 다 칡덩굴 줄기 속에 기어들게 하고,
살은 모조리 티끌로 삭게 하여
멀리 바람에 날려 보내고,
죽어도 죽지 않는, 하이얀 뼈들만이
풍우상설에 씻기고 씻겨
곱게 남아 있네, 청천백일하(靑天白日下)에.

통천문(通天門)

드디어 마지막 관문에 이르다.
이 바위 문만 꿰뚫고 나가면
나도 하늘나라 사람이 될 것인가.
잠시 멈추어, 긴 한숨을 쉬기로 하다.

천왕봉(天王峰)

천왕봉은 땅 위의 봉우리가 아니어라.
      영원과 맞닿은 천상의 봉우리,
천왕봉을 중심으로, 보이는 끝끝까지
      땅 위의 봉우리, 봉우리들은
      구름밭 위로 머리를 내밀고서,
천왕봉을 호위하듯, 구중(九重), 십중(十重)으로
      둘러싸고 있나니.
      백학(白鶴)의 무리도 겨우
천왕봉의 발치에서나 노닐 수밖에……
      멀리 운모(雲母)처럼 빛나는 다도해……
천왕봉에서 우화등선(羽化登仙) 못하는
      사람들은 서둘러 하산해야 한다.

겨울 북한산

이불 속에서 새벽에 잠이 깨면
나의 두뇌는 말들의 용광로 —
「육체의 문은 열릴수록 좁아지고
마음의 문은 열릴수록 넓어진다」
묘구(妙句)다 싶어 벌떡 일어났다.

먼저 북한산에게 인사를 드려야지.
서창의 커튼을 젖히는 순간,
오오, 멋있어라. 백설에 살짝 덮인
백운대 인수봉 만경대 삼형제가
은빛 위용을 선연히 드러냈다.

아침 햇살 받고, 침묵의 목소리로
그들은 한껏 외치고 있었다.
「산광무고금(山光無古今) 인사유우락(人事有憂樂)……」
청자빛 겨울 하늘도 신이 나서
무엇인가 덩달아 외치고 있었다.

진달래 촛불잔치

청명한 하늘 아래 대낮인데
북한산 삼형제가 불그레 홍조를 띠고 있었다.
「이상할 것 없어, 와 보면 알아……」
그래서 나는 숲 속으로 들어갔다.

오솔길가에, 비탈에, 골짜기에……
산이 온통 진달래 사태였다.
봄이 돌아왔음을 알리는 산의 자축 파티,
그 긴 일년의 순환을 잘 견뎌낸 보람으로.

진달래들은 저마다 꽃 속에
안 보이는 불길의 촛불을 켜들고
바르르 미풍에도 떨고 있었다.

촛불잔치는 이윽고 절정에……
기우는 햇살 받고 반투명의 연분홍 꽃살결이
하늘 품에 안기더니 넋을 잃더구나.

진달래와 아이들

지금은 없어진 이 땅의 보릿고개
에베레스트 산보다도 높았다는.
밑구멍 찢어지게 가난한 사람들은
풀뿌리 나무껍질 따위로 연명했죠.

허기진 아이들은 산에 들에 만발한
진달래 따먹느라 정신이 없었고.
하지만, 요즘의 아이들은 다르데요.
어제 숲 속의 샘터로 가는데,

두 아이가 진달래 꽃가지를
흙을 파고 정성껏 심는 것을 보았어요.
물론 그들이 꺾은 것은 아니고,

누군가가 꺾어서 버린 걸 말이에요.
나는 집에 돌아와서야 깨닫게 되었지요
그 진달래는 내 가슴속에도 심어졌다는 것을.

북한산 진달래

요즘 북한산은 연일 홍조를 띠고 있어라.
기슭에서 정상까지 새봄의 꽃불 잔치,
진달래 촛불 잔치, 진달래 능선 타고
올라가는 이몸 또한 벌겋게 물들밖에.
한 발 가도 진달래요 두 발 가도 진달래라
들이쉬고 내쉬는 숨결도 진달래빛.

진달래에 취하니 김소월이 생각나네.
영변의 약산 진달래꽃도 가신 님 그리워서
지금쯤 바르르 떨고 있으리.
아아 김소월, 우리 시의 원고향을
지키는 수호자여. 님의 시로 말미암아
이 땅의 진달래는 불멸의 꽃이어라.

만지면 으깨질듯 여리디여린 꽃이
모진 바람에도 질 줄을 모르나니,
반만 년 역사 뚫고 살려는 겨레의
의지기 승화된 꽃, 겨레 혼의 꽃이어라.
어찌 북한산 진달래뿐이랴. 방방곡곡에

지금 이 땅은 활활 타오르는 신생의 목숨 잔치.

저 벼랑에 한 무더기 불 밝힌 진달래 보소.
저녁 햇살 받고 진달래꽃 속 분홍빛 초에
일제히 불이 환히 켜진 거요. 지상에서는
가장 순수하고 투명한 불이. 옛날 신라의
순박한 노인이 수로부인에게 바치기 위해
벼랑에 올라가 꺾었던 꽃도 꼭 저러하였으리.

진달래 고운 불, 북한산 홍조가 가시기 전에
이몸도 오늘은 한껏 진달래에 취하고 싶어라.
해가 떠서 질 때까지 진달래 동산에서
진달래 화전에 진달래 술 마시고
진달래빛 알몸춤을 덩실덩실 추어 볼까.
아아 타올라라, 진달래 혼불이여, 좀더 황홀히.

명산명시인가(名山名詩人歌)

해 구름 바위 물 학 사슴 거북 대 솔 불로초
십장생 거느리고 고금을 꿰뚫은
도봉산 만장봉(萬丈峯)은 바위 중의 바위여라.

천축사(天竺寺) 지붕 위로 우뚝 솟은 그 모습을
인도인이 목도하면 그 자리에서 오체투지(五體投地)하리
오오, 시바 신의 나투심이라 하며.

벽공으로 솟구치는 등룡(登龍) 직전의
거대한 잉어, 북한산 인수봉(仁壽峯)이
정일품(正一品)이라면 만장봉은 종일품(從一品)이라 할까.

두 명산이 굽어보는 서울 바닥
거기선 기어이 명시인(名詩人)이 나와야 마땅하리
운하(雲鶴)익 높이에서 명산 더불어 정기(精氣)를 나눌 만한.

백담사 가는 길

태풍과 물벼락이 할퀴고 간 자국 —
도로가 끊어지고
다리는 몽땅 떠내려 가고
뿌리째 뽑힌 나무들도 허다하이.

하지만 온통 암반으로 된 계곡 자체에야
태풍의 손톱 끝도 들어가지 못했으리.
제모습 되찾은 맑은 계곡물이
지형따라 완만하게 또는 쾌속조로.

군데군데 집더미만한 거암(巨岩)도 볼 만하고
물에 씻긴 바위살에 붉은 반점이나
기묘한 줄무늬가 선명히 눈에 띤다.
이런 계곡에선 성하(盛夏)의 햇살도 따갑지 않네.

물살이 굽이굽이 휘도는 곳마다엔
짙푸른 못이 백 개는 된다 하여
백담사(百潭寺)라고 이름 지은 것이리라.
절 앞의 돌다리도 떠내려가고 없다.   *

예까지 와서 절을 안 보고 갈 수야 있나.
빠른 물살에 허벅지까지 조심조심 담그면서
온통 돌투성이 냇물을 건너가다.
다행히 돌들이 미끄럽진 않음이여.

백담사

신라 자장율사 창건 이래
여덟 번 불타고 아홉 번 중건된
역사를 갖고 있는 고찰치곤 초라해라.
본전(本殿) 기와엔 잡초 우거지고,
지붕의 선이 일그러지고 있는 게 슬프구나.
절 전체가 조금씩 땅속으로
꺼져 들어가고 있는 듯하다.
저 무심한 벽공에 짓눌려서
그리 될 리는 없고, 발치에 거느린
백담이 절의 중건을 염원하여
은연중 건물을 당겨내리고 있는지도 모를 일.
그렇다, 내설악 산세에 걸맞게
좀더 우람한, 견고한 절로
백담사는 탈바꿈해야 하리.

수렴동 산장

오세암(五歲庵)쪽에서 흘러온 물과
쌍폭(雙瀑)쪽에서 흘러온 물이 하나로 만나는 곳,
수렴동에 저녁에야 겨우 다다르다.
산장 마루에 배낭을 내려놓고
냇가로 나가 저녁밥을 짓다.

돌도 많고, 바위도 많구나야.
나무도 울창하고 공기도 신선해서
막혔던 콧구멍이 저절로 뚫리누나.
어쩌면 물이 그렇게 차고 맑을 수가 없다.
얼굴과 손발만 씻었는데도 온몸이 쇄락하이.

이 나라 산수(山水)의 무궁한 아름다움.
아무데서나 엎디어 물 마셔도 탈은커녕
오히려 금심수장(錦心繡腸)을 갖게 된다.
이렇게 좋은 물을 이렇게 흔하게 갖고 있는 우리,
아아, 복되도다. 진실로 복되도다.

별을 보려고 밤 늦게까지 바위에 누웠으나,

별은 안 나오고 물 소리만 들었어라.

아무리 들어도 싫지 않은 물 소리……

그 잠시도 쉬지 않는 물 소리는 꿈속까지 들어와서

나의 오장육부를 채웠건만 습하지 않음이여.

쌍폭

설악의 품 안에
크고 작은 폭포는 몇 개나 될까.
필시 수십을 헤아릴 것이다.

예까지 오는 동안
나는 여러 번 걸음을 멈추었지,
참으로 희한한 산수미(山水美)에 취하여서.

하지만 이 쌍폭(雙瀑) 앞에서는
탈혼(脫魂)의 감동으로 못박히게 되는구나.
이윽고 내쉬는 환희의 긴 한숨……

가장 거룩한 궁극의 벽공(碧空)에서
두 마리 백룡(白龍)이 동시에 떨어진다
알맞게 사이 두고, 깎아지른 암벽 아래.

중중무진(重重無盡)으로 심연으로 떨어진다.
떨어져서 합환(合歡)의 하나로 고였다가
다시 새로운 폭포로 떨어지나,   *

두 마리 백룡은 여전히 처음 그대로다.
낙하(落下)와 신생(新生)의 동시적 무한 상속……
하여 불멸의 쌍룡(雙龍)을 이루다.

저 불가사의한 쌍룡의 근원지,
무량의 햇빛과 무구한 물이 입맞추는 곳엔
신이 계시리라, 무시무종의 투명한 신이.

봉정암 오층석탑

거대한 다섯 마리 봉황이 막 내려앉은 듯한
다섯 개의 암봉을 뒤에 두고 봉정암(鳳頂庵)은 있지만,
이곳의 백미는 송림 우거진 드높은 언덕
연꽃이 새겨진 암반 위의 오층석탑일세.

한 즈믄 해쯤, 밤낮없이, 내설악에선
제일 먼저, 제일 많이, 햇빛과 바람과 비와 서리와
눈을 감내했을 정기(精氣) 덩어리여. 추호도 하자 없는
완벽한 균형이여. 오오, 너에겐 시간이 무력해라.

다만 시간은 너에게 고청(古靑)빛 이끼를 입혔을 뿐,
너를 괴멸로 이끌지는 못하나니, 찬미할진저.
너를 있게 한 자, 어찌 한 석공의 솜씨만이랴.

천 · 지 · 인 삼재(三才)가 한 마음 한 뜻으로
세워 놓은 것이리라. 석탑의 나라, 이 땅에서도
이만큼 좋은 터에, 이렇듯 영묘한 탑은 없으리.

대청봉(大靑峰)에서

대청봉에서
동쪽을 바라보면
기기묘묘한 천산만악(千山萬嶽)이
한눈에 들어온다.

그 희한한 절경에 우선
깜짝 놀라지 않을 수 없다.
〈아아!〉라는 모음이 있기에 다행이지,
안 그러면 숨이 막히고말고.

원래 그건 지상의 광경이 아니었다.
실은 천상계의 천인(天人)들이 여럿이,
또는 혼자서 목욕을 하거나
희희낙락하며 청한(淸閑)을 즐기던 곳,
또는 고요히 명상에 잠기던 곳,
한 가닥 바람이 백 년과 맞먹던 곳.
그것이 홀연 지상에 내려와서
이곳에 자리잡은 까닭을 아는가.   *

보지 않고서는 도무지 믿지 않는,
아니, 보아도 믿으려 하지 않는
인간의 무리지만
눈에서 비늘이 떨어진 자에게는
(홍진세상에 몸 두고 있을망정)
영생의 세계를
잠시나마
볼 수 있는 안복(眼福)을 누리게 하기 위해,
천지신명이 베푸신 은혜라네.

눈 맑은 화가,
겸재(謙齋)가 일찍이 그렸던 금강전도(金剛全圖),
그것이나 여기에
닮았다고 할까.
아냐, 그것도 인간의 솜씨인 걸,
감히 여기에 비길 수는 없지.

필설(筆舌)을 절한,
상상을 절한,

절경을 그대 보고저 원하는가.

이곳에 오라,
대청봉에 오라.

소청봉에서 양폭으로

   1
소청봉(小靑峰)에서 양폭(陽瀑)쪽을 향한
급경사의 내리막 길.
안간힘 쓰며 그 길을 올라오는
사람들보다야 낫고말고.

고사목 밭을 지나
천불동 골짜기 —
기암괴석들도 도통한 표정이다.

저 험준한, 흙 한 점 안 보이는,
바위 틈에다
도시 어떻게 뿌리를 내렸기에
소나무들은 저리도 정정할까.

양쪽이 다 깎아지른 암벽인데
그 새에 놓인
무쇠다릴 건너면서
나는 암반의 깊숙이 패인

사타구닐 보았다.
맑고 찬, 흐르는 물에
산삼 뿌리보다 더 새하얗게
씻기운 속살들을.

대청봉에서 본 절경의 핵심으로
어느덧 바싹 육박해 들어온
자신을 깨닫겠다.

   2
아슬아슬 요리조리
이어진 무쇠다리
계속 가다가
보니,
양폭이다.
폭포의 고전이다.
하늘에서 지상으로
떨어지는 은하수다.
이마의 땀이

절로 가시면서
나는 잠시 폭포가 된다.

  3
양폭 산장에서 자기로 하다.
사방에 뾰죽뾰죽
기기묘묘한 암봉을 둘러치고,
그 안엔 상류에서 흘러온 물이
내를 이룬 곳.
물이 너무 차서
나 같은 풍치로는 양치질도 어려운데
어떤 청년은 헤엄을 치고 있다.
물 속에 넣어 차게 한 맥주
한 잔을 들이키고
저녁을 먹고 나니 생기가 돋는구나.

밤하늘 별들이 볼 만하다기에
잠들기 전 옥상으로 나가 보다.
미상불 밤하늘은 보석함이라도 뒤집어놓은 듯

수천, 수만의 별들이 쏟아진다.
와아, 와아, 보석들이 내게로 내려온다.
주먹만한 금강석에 대추알만한 홍옥,
밤알만한 청옥, ……그 밖에도 이름 모를
온갖 보석들이, 하지만 시나브로
꽃잎이 지듯 내게로 다가온다.
나는 그만 어질어질 멀미가 나다.
신선은 못되니, 잠이나 잘 일.

비선대에서

비선대(飛仙臺) 오면
누구나 다 걸음을 멈춘다.
탄성을 지른다.
그냥 주저 앉거나
벌떡 눕는다.
세수를 하고
새삼 비선대를
올려다 본다.

물에 젖은 발치에서
벽공을 무찌른 머리 끝까지
죽죽 치솟은, 험준한 온몸이
하나의 바위.
거대한 바위.
우람하고도 수려한 암봉이다.
바위 틈에 아슬아슬
낙락장송도 특별히 멋이 있다.

새삼 비선대

발치를 살펴보면
큰 바위 작은 바위
작은 돌 큰 돌이
멋대로 널려 있는
암반엔 철철
맑고 차거운
옥수(玉水)가 흐르누나.

여기는 혼자서
저기는 여럿이
목욕을 하기에 알맞는 곳이
많기도 하다.
보라, 저 비선대 낙락장송 가지에는
그 옛날 이곳에서 목욕하던 선녀들이
서둘러 승천하다 걸렸던 옷자락
지금도 바람에 날리고 있음을.

숲 속의 단풍나무

태풍과 폭우에도 꺾이지 않고
더욱 충천하는 기승을 부리던,
무성한 잎들이 녹색의 독을 뿜던,
여름 숲의 왕성한 정력은 어디로?

썰렁한 가을 숲의 숙연한 자태여.
혈기는 줄어도 군살이 빠져서
제정신 차린 고사(高士)의 모습 같다.
골짜기 물도 잦아 숨을 죽였구나.

다만 오히려 제철을 만난 것은 단풍나무로세.
곱게 물든 홍옥빛 반투명의 단풍잎 파라솔,
하늘의 푸르름과 햇살이 시나브로 새고 있는,

그 아래 나는 고개를 쳐든 채 못박힐밖에.
지금 이 순간의, 휘황찬란한 미(美)를 누리려고
오늘은 불현듯 가을 숲 찾아 나섰던 모양.

진달래 정토 길

이곳에서 서쪽으로 십만억 국토 지나야 극락이죠.
하지만 대뜸 갈 수 있는 지름길을 알았어요.
당신도 가려거든 먼저 심신을 탈락시키세요.
진달래 보면 진달래 되는 방법을 익히세요.

그 진달래 정토 길엔 진달래가 무진무진
피어 있습니다. 꽃송이가 십만억 개는 됩니다.
꽃송이마다 하나씩 찬란한 국토가 들어 있죠.
송이송이 빛뿜는 분홍빛 국토의 이름은 황홀,

또는 고요, 자비, 평화, 청정, 부드러움……
어디선가 오색이 선연한 수꿩이 한 마리
날아오기도 하고, 옴마니반메훔 진언이 들리는데,

오, 저만치 연꽃자리 위엔 꿈처럼 앉아 계신
아미타불이 미소를 흘리시죠. 진달래빛 방광(放光)으로
삼천대천세계를 밝히시죠. 환히 구석구석.

쌍계사 가는 길

섬진강 맑은 봄물이 흐르매
기슭의 보리밭은 파아란 융단 되고
그 위로 휘드러진 벚나무 벚꽃들은
송이송이 극락의 황홀을 이루었네.

화개장에서 쌍계사(雙磎寺)까지 십 리 벚꽃 길을
혼자서 걷고 싶어 서울서 찾아온 나,
원 풀고 한 풀듯이 걷고 있는 지금,
바람에 지는 꽃잎따라 눈에선 눈물이 지네.

꽃이여, 벚꽃이여. 만개한 꽃무더기,
가도가도 새롭게 다가오는 아름다움,
꽃터널, 꽃구름, 꽃바람, 꽃무지개……

이 꽃길을 차 타고 쾌속으로 지나는 사람들아,
그렇게 바삐들 서두르지 말게나. 그건 차바퀴로
무상 속 영원을 유린하는 격이라네.

쌍계사

쌍계사(雙磎寺)는 과연 양 겨드랑이에 하나씩 흐르는
골짜기 물을 끼고 있더군. 고청(古靑)빛 대웅전
그 옆의 마애불 이끼 낀 미소에서
즈믄 해의 세월이 흘렀음을 실감했지.

놀라웠던 건 진감선사대공탑비(眞鑑禪師大空塔碑)였어.
(금당에 모셔진 육조정상탑(六祖頂相塔)보다도 말야)
거북 등 위에 금 간 흑대리석, 거기에 새겨진
최치원(崔致遠)의 비문과 진필을 보자,

나는 그만 눈에서 비늘이 떨어졌지.
주변의 것이 전혀 새롭게 보이기 시작했어
대숲도, 목련도, 큰 동백나무 동백꽃들도.

그 붉은 동백꽃들을 유심히 보노라니,
그 아래 주저앉아 기다리고 싶어지데, 언제까지라도,
동백꽃 툭 무릎 위에 지는 때를.

불일폭포

불일폭포(佛日瀑布)는 끝내주는 폭포.

매일 부처님 오신 날 폭포.

법열의 폭포. 무량의 설법 폭포.

하늘 땅을 하나로 꿰뚫은 폭포.

핵(核) 기둥 폭포. 백금의 폭포.

고금(古今)이 하나로 이어진 폭포.

더는 갈 데가 없는 폭포.

궁극의 폭포. 금강(金剛)의 폭포.

상징이자 직설법 폭포.

늘지도 않고 줄지도 않는 폭포.

부단한 자기혁신의 폭포.

늘 깨어 있는 용맹정진 폭포.

침묵과 사자후가 둘이 아닌 폭포.

하늘로 솟구치는 백룡(白龍)인가 하면

땅으로 떨어지는 백룡이 폭포.

녹지 않는 백설(白雪)의 폭포.

시들지 않는 백화(白花)의 폭포.

깨지지 않는 백옥의 폭포.

멈춤과 움직임이 하나인 폭포.

무아(無我)의 폭포. 무위자연(無爲自然) 폭포.

밤낮을 안 가리는 선정(禪定) 삼매 폭포.

염념상속(念念相續) 폭포. 순수지속 폭포.

티끌 하나 묻지 못할 순백의 폭포.

마군(魔軍)은 감히 근접도 못할 폭포.

언제나 거기 명명백백한 실존의 폭포.

얽매인 데 없이 마음을 내는 폭포.

정정당당한 주체성 폭포.

분심 잡념을 단박에 때려 눕히는 폭포.

단도직입의 압도적 할(喝)과

젖지 않는 물 매의 연속타로

골수에 절은 오뇌를 제거하는 묘약의 폭포.

빛과 물이 몸 섞은 폭포.

일체의 피로와 염증을 여읜 폭포.

생명의 근원을 깨닫게 하는 폭포.

보는 이를 탈혼(脫魂)으로 이끄는 폭포.

본래면목 폭포. 영생의 폭포.

최상의 근기에겐 돈오돈수(頓悟頓修) 폭포.

진여(眞如)의 폭포. 법신불(法身佛) 폭포.

불일폭포는 끝내주는 폭포.
매일 부처님 오신 날 폭포.

환학대에서 최치원을 생각하다

쌍계사에서 불일폭포 가는 길에
환학대(喚鶴臺)를 만났다.
지리산 남록, 볕 바른 품에 안긴
넓고 큰 바위, 그 옛날 고운(孤雲)이
학을 불러 타고 노닐었다는 바위.
그 위에 오르니 감개무량했다.

아, 최치원, 고운 최치원.
일찍이 이 나라 한문학의 조종(祖宗)이자
신라의 대표적 최고 시인으로
누가 그 이름 모를 자 있으리오?
하지만 즈믄 해의 비바람 찬 서리로
전설 속 인물인 양 희미해져 있었거늘.

그러기에 내가 쌍계사에서
진감선사비(眞鑑禪師碑), 고운이 지은 비문을 접했을 때,
기적처럼 남아 있는
그 완벽한 필치를 보았을 때,
나는 실감했다

고운은 불멸의 실재인 것을.

「열둘에 배를 타고 바다 건너와선
글발로 중국을 뒤흔들었네
열여덟에 문단을 휩쓸더니만
단번에 급제했네 문과 장원에」
어떤 당시인(唐詩人)이 이렇게 찬탄했듯
그는 도처에 찬란한 신화를 뿌리고 다녔거니.

스물아홉의 금의환향은
그에게 걸맞은 요직을 안겼으나,
고운 한 사람의 예지와 포부로는
이미 너무 늦은
난마의 조정과 기울어버린 국운.
하여 그는 지방의 태수를 자청했다.

나중엔 아예 관직에서 물러나서
두루 산천을 유람하기 시작했다.
이 나라 본래의 현묘(玄妙)한 도를 찾아

천·지와 하나가 되고자 했던 것.
해·구름·바위·물·학·사슴·거북
대·솔·불로초, 십장생이 그의 벗들.

청산이 좋아 청산에서 살리라고
어느 날 가야산에 들어간 뒤로는
다시는 속세에 나타나지 아니 했다.
누가 그를 죽었다고 말하는가?
이 나라 산수(山水)와 더불어 하나 된
고운의 얼은 영생을 누리나니.

그의 죽음을 본 이는 세상에
아직 단 한 사람도 없을 수밖에.
환학대에서 고운을 생각하다
문득 떠오르는 일이 있었다.
고운이 학을 손짓하여 오게 한 게 아니고,
고운과 벗하러 스스로 학이 날아온 것을.

고운이 바위 위에 좌정하여

곧잘 선정(禪定) 삼매에 들면

그는 홀연 보이지 않게 되고,

대신 그 자리엔 늘 한 자락의

하이얀 구름이 외롭게 떠 있었다.

학이 그런 구름을 보면 아니 올 수 있겠는가?

수락산과 불암산

　수락산(水落山) 품의 학림사(鶴林寺) 앞뜰에서 보니 저만치 꿈처럼 떠 있는 수려한 산. 옳아, 저것이 불암산(佛巖山)이로구나. 어쩌면 산색이 저렇게 고울까. 우리가 산자수명(山紫水明)이라 말할 때의 바로 그 자색인 것이다. 마침 단풍철이라 전경(前景)을 이룬 수락산 잡목들은 울긋불긋 물들어서 불암산의 그 꿈꾸는 듯한 자색을 한결 돋보이게 하고 있다.
　내가 북한산 중턱쯤에서 멀리 떨어진 동쪽을 바라보면 옛 산수화에나 나올 법하게 운치 있는, 잘생긴 수락산과 불암산이 나란히 손잡은 모양이 형제 같더니만, 이제 그 속에 들어와 보는 정경은 또 딴판이로구나. 수락산과 불암산은 늘 마주 바라보며 연모하고 있는 사이인 게 확실하다.
　지금 역으로 불암산에서 수락산의 산색을 살핀다 하더라도, 역시 그것은 자색일 것이다. 두 산은 이렇게 말하고 싶으리라.
　'우리는 한 뿌리에서 나온 두 몸이라오. 가까이 다가가서 포옹은 안 하지만 늘 안 보이는 밑바닥에선 일치하고 있소. 천기(天氣)와 지기(地氣)와 공기(空氣)를 더불어 누리며, 나누며, 섞고 있소. 태양을 찬미하는 노래를 부르오. 작은 벌나비들뿐만이 아니라 산비둘기와 꿩과 까치들을 오가게 날리면서 기쁨을 주고받소. 구름과 안개의 이불을 함께 덮기도 하오.

그러나 우리의 몸 모양(개체·개성)만은 달라야 마땅하오. 그래서 떨어져 있게 마련이오. 그래서 우리는 서로 상대방의 그 잘생긴 모습을 바라보며 언제까지나 그리워할 수 있게 된다오. 그 그리움은 더없이 순수하고 영롱한 것이라오. 그 그리움이 고이고 고여 온몸의 구석구석 스미게 되면, 즉 바위건 흙이건 나무건 풀잎이건 간에, 일체의 곤충과 금수까지 포함해서 우리의 전부를 적시게 되면, 마침내 저 물방울 듣는 듯한 자색이 된다오. 산자수명의 자색이 된다오.'

태양의 길 한려수도

육지에선 공중에 있는
태양의 길이 보일 턱이 없지만,
잔잔한 거울바다
한려수도(閑麗水道)
순수무구한 바다에선 다르다.

일목요연하게
태양의 길이
휘황찬란한 빛길로 드러난다.
해면(海面)에 인(印) 찍힌다.
홍옥, 청옥, 호박, 마노, 흑요석, 진주,
수정, 산호, 금강석 등이
저마다 빛 뿜으며 환호의 길로
우줄우줄 모여든다.

또한 장미, 국화, 연꽃, 석류꽃,
수국, 맨드라미, 안개꽃, 채송화,
백합, 제비꽃 등
온갖 꽃들이 무진장 쏟아진다.

태양의 길 위로.
바다 밑 안 보이는 진흙소도 노래하고,
도솔천에선 꽃바람도 불어오고,
불가사의한 풍악도 들려오고.

물과 불의 결혼.
명명백백한 대낮의 신비.
불꽃 튕기는 목숨의 잔치여라,
전율과 황홀의.

가장 유연한 바다의 맨살에
가장 예리한 태양의 직사광선,
금은(金銀)의 화살들이
일제히 내려꽂힘의 연속이라,
마냥 지속되는
절정의 환희.

정오의 한려수도
태양의 길을

배 타고 가노라면,

해인(海印) 삼매 속에
어느덧 배는
공중에 떠서
태양을 가로질러
다시 태연히
지구로 돌아오리.
미끄러지듯 한려수도 타고
충무(忠武)로 귀항하리.

거제도 해금강

오오, 바위, 바위,
바다 위로 솟은 바위,
해금강 입구의
하늘과 입맞추는 쌍촛대 바위.
장군은 간데없고
투구만 남았기에
갈매기 애절하게 우짖는 투구 바위.
이 고장 어부들이 풍어(豊漁)를 기원하여
용왕제(龍王祭) 올리는 곳,
비나이다 용왕 바위.
오오, 바위, 바위,
질풍노도에 무섭게 뜯겨,
밤낮으로 즈믄 해 두고 뜯겨
해골만 남은 바위.
이윽고 저만치 해금강이 나타난다.
거제도 동남쪽
현해탄(玄海灘) 사나운 파도를 가로막는
바위섬 해금강이.
사자 바위와

천년송(千年松) 바위 사이

밧줄을 매고

그네를 탔던

동남동녀(童男童女)들은 어디로 사라졌나.

진시황제 명을 받고

불로초 찾아

이곳에 왔었다는

서불이 있어야 물어라도 보련마는.

허사로다, 허사로다

모든 게 허사로다

하면서 황금 쟁반,

아침 해는 여전히

우렁차게 솟는구나.

쟁쟁쟁 징 소리에

꽹과리, 북, 장고를 치며, 치며,

무량광명(無量光明)을 사방에 뿌리누나.

깨어나라, 깨어나라

꿈에서 깨어나라,

더없이 바른 깨달음만이

참된 자유이고

해탈이니라고.

맞습니다, 옳은 말씀

하는 건 두 손 모아

기도하는 선녀 바위.

지그시 눈 감고

선정(禪定)에 들어 있는

미륵 바위도

말없이 점두한다.

오오, 바위, 바위.

온갖 바위들이 만물상을 이루었네.

어떤 바위는 남성의 상징이라

꼿꼿하게 하늘로 발기한 채

정력절륜(精力絕倫)을 과시하고 있는지라

자손이 귀한 사람

이곳에 찾아와서 소원을 빈다네.

섬엔 구석구석 신비의 약초랑

풍란, 석란 등이 향기를 뿌리고

동백 숲에서는 팔색조가 우짖는다.

드디어 십자동굴(十字洞窟),

배가 조심조심

그 안에 들어가니,

아슬아슬 무섭게

깎아지른 암벽 아래

검푸른 바다 물결,

갑자기 귀가 멍멍해지는 고요,

고금일여(古今一如)의 서느러움 안겨주는

신비의 사원 같다.

또는 전설의 바닷속 용궁인 양

용왕의 옥좌(玉座) 바위도 보이누나.

일명 얼음굴인

부엌굴에 들어가면

천정에 주렁주렁

고드름 같은 석순(石筍)이 달렸는데,

거기서 듣는 물이

만병통치 약수,

섬의 약초 뿌리를 타고 내리는 물이라네.

오오, 바위, 바위.

온갖 바위들이 만물상을 이루었네.

사모관대하고

조랑말 타고 있는

신랑 바위가 있는가 하면

병풍 바위, 절벽 바위,

용 바위, 거북 바위, 두꺼비 바위,

달나라의 표면 같은,

구멍이 숭숭 뚫린

곰보 바위, 분화구 바위,

헨리 무어가 봤다면 필시

손 들고 말았을 기상천외 바위……

자연이 예술을 모방한다는 말은

와일드의 철부지 역설일 뿐,

자연은 예술의 영원한 스승이지.

보라, 저 사무 바위,

사랑 바위, 부부 바위,

성급한 신랑이 신부를 끌어안고

남이야 보든 말든

사랑하는 모습일세.

장사도

저 길게 옆으로 퍼진 섬.
가운데는 불룩하나
한쪽 끝은 뱀의 입 모양이고
다른 끝은 꼬리라
장사도(長蛇島)라 한다는데,
만약 「어린 왕자」의 저자,
생 떽쥐페리가
저 섬을 본다면 뭐라고 할까.
코끼리 삼킨 보아뱀 모양이니
장사도 맞다!
딱 맞는 이름이다!
하면서 손뼉을 치지 않을까.

무인도 이름짓기

바다 위로 돋아난

바다 밑 거인의

다

섯

개

의

손가락……

그러니 저건

오지도(五指島)라 일컬어라.

떨어져 있는 두개의 상사도(相思島).

좀 큰 것은 남자 섬이고

작은 건 여자 섬,

아무리 서로 연모해도

더는 가까워질 수 없는

엄연한 거리……

뿌우연 막막함의 물안개 일거나

안타까운 그리움의 은비늘 금비늘이

해면(海面)에 돋칠 뿐……
다만 그 사이를
오가는 저 헬멧 같은
귀여운 섬을랑 사자도(使者島)라 하여라.

어느 모로 보나
거대한 알밤이 외톨로 떠 있으니
밤섬이라 부름이 어떨까.

또 어떤 섬은
머리에 하늘로 용틀임하는
외솔을 두었으니
고송도(孤松島)가 좋으리.

2 십장생신명가(十長生神明歌)

소나무에 관하여

1

한국의 낙락장송, 그런 소나무는 서양엔 없다.

2

바위에도 뿌리를 내릴 수 있는 나무는 소나무뿐.

3

일가풍(一家風)이란 말의 뜻을 알려거든 소나무를 보아라.

4

포플러는 시인. 소나무는 철학자.

5

솔잎 사이로 새는 달빛으로 목욕을 할까나.

6

뜰에 소나무 서너 그루 있으면, 집은 초가삼간이라도 좋다.

7

오라, 벗이여, 송화 다식 안주에다 송엽주 들어보세.

8

청솔방울 따다가 백자 접시에 수북이 담아놓다.

9

떨어진 솔잎은 뿌리에 쌓여 솔잎방석 되나니.

10

오백년 묵은 백송(白松)을 만나러 나는 가끔 조계사에 들른다.

11

하루 한 번은 소나무 아래 좌정하여 명상에 잠겨 볼 일.

12

문어발처럼 드러난 뿌리건만, 오히려 정정한 소나무에 입맞추다.

13

겨울 산행에서 목마르거든, 솔잎 위에 쌓인 눈꽃을 먹어라.

14

풍우상설을 하나로 꿰뚫는 상록의 지조, 소나무는 위대하다.

15

가을 햇살 받고, 벽공(碧空)의 솔잎이, 백금의 바늘로 바뀌는 걸 보게나.

16

소나무를 그렸으나 기가 빠졌으니, 죽은 소나무나 다름이 없지.

17

백운대의 소나무엔 가끔 흰 구름이 백학(白鶴)인 양 앉는다.

18

오늘은 천지(天地)상통, 소나무는 기운(氣韻)생동, 이몸은 시운(詩韻)생동.

19

저 아슬아슬한 낭떠러지의 소나무 보소. 운명과 자유의 기막힌 일치.

20

아이들은 저마다 관솔불 켜들고 달맞이하러 동산에 오르다.

21

소나무의 속껍질, 송기로 옛사람은 떡도 만들고 죽도 쑤었음.

22

솔숲에 나 있는 작은 길을 가고 또 가면 도인(道人)을 만나리라.

23

격(格)으로 보나 운치로 보나, 그 소나무는 가위 신품(神品)일세.

24

내가 화가라면 소나무의 이모저모 천 장쯤 그리겠다.

25

솔껍질들이 물고기 비늘을 닮은 걸 보니, 여기는 바닷속일지도 몰라.

26

소나무 좋아하는 사람은 틀림없이 영성적(靈性的) 감각이 뛰어난 사람.

27

세한(歲寒)의 송백(松柏)처럼, 추사(秋史)는 역경에서 더욱 그 기개를 떨쳤나니.

28

솔숲에 들어가면 나는 머릿속이 청자 하늘처럼 개운해진다.

29

사슴은 짐승 중의, 학은 새 중의, 소나무는 나무 중의 영물(靈物)일세.

30

마른 솔가지 타는 맛에 홀려서 옷자락 태운 시절도 있었음.

31

저 송하석상(松下石上)의 신선이 보이는가, 슬하에 웅크린 호랑이 한 마리도.

32

솔잎도, 송기도, 송진도 바치고, 마지막엔 소신공양(燒身供養)도 불사하다.

33

천계(天界)의 선녀들이 지금도 가끔 그리워하는 것이 설악의 소나무들.

34

소나무는 그 그늘에조차 엷은 보랏빛 신운(神韻)이 감돈다.

35

바다가 보이는 솔숲에서 한여름을 나 봤으면.

36

노승은 용케 솔껍데기 손으로 처음이자 마지막 불(佛)자를 쓰다.

37

소나무는 기 덩어리, 그래서 바위에도 능히 뿌리를 내리는 것임.

38

송이버섯 캐러 가세. 송이산적 안 먹고 가을을 어찌 나랴.

39

종일 솔숲에서 솔바람 들었더니, 이몸에서도 솔향기 나다.

40

사람의 나이도 이순(耳順)은 돼야 소나무가 제대로 시야에 들어 오리.

41

소나무는 지기(地氣)와 천기(天氣)가 만나서 이룩한 걸작. 절묘한 조화.

42

솔잎 냄새와 솔잎 자국 없으면 송편이 아니다.

43

신라의 적송(赤松)이 일본 광륭사(廣隆寺)의 미륵상으로 아직도 살아 있소.

44

솔잎에 맺힌 이슬만 모아 차를 달여서 부처님께 올릴까나.

45

각별히 운치 있는 거송(巨松) 앞에 서면 절로 옷깃이 여며지네.

46

해 구름 바위 물은 소나무의 더없이 친근하고 위대한 벗들.

47

오오 소나무, 너 저만치 서 있는 영감(靈感)이여, 시의 원천이여.

48

송운(松韻)을 들을 줄 아는 귀라야 별들의 숨소리를 들을 수 있다.

49

소나무 한 그루, 머리에 지닌 바위섬이니, 천년고송도(千年孤松島)라.

50

하늘과 땅이 더불어 타는 악기가 바로 소나무인 것이다.

51

이 나라 산수(山水)에서 소나무 뺀다면 얼마나 적적하랴.

52

소나무가 병들면 나라가 기우나니, 송계(松契) 만들어 소나무 보호하세.

53
그 유유자적하는 노철학자의 호를 아는가? 청송(聽松)이라네.

54
소나무여, 영원하라, 늘 푸른 소나무여, 나무의 고전이여.

십장생신명가

우주의 중심에 소나무가 있나니.
해와 달을 번갈아 떠올리며 노나니.
비 바람 눈 서리로 목욕을 하나니.
바닷물은 발치에 찰랑이게 하나니.
산들은 목을 빼어 엿보게 하나니.
때로 심심하면 학을 부르나니.
신명나게 거문고 가락을 타나니.
학은 가락 따라 무애춤 추나니.
흰 구름도 모여들어 어우러지나니.
대나무도 우줄우줄 어깻짓하나니.
바위도 덩달아 흥이 이나니.
불로초도 가만가만 발돋움하나니.
폭포는 쉴 새 없이 떨어져 흐르나니.
바다에선 거북이가 기어 나오나니.
산에서 사슴이 뛰어 나오나니.
무르익은 천도(天桃)가 툭 떨어지나니.
우주의 중심에 소나무가 있나니.

추일영가(秋日靈歌)

오늘은 아주 길하디길한 날,
구름 한 점 없는 날,
청정한 날이로세.
동쪽의 해와 서쪽의 달이
마주 바라보며 웃는 날이로세.
파아란 하늘 아래
산은 홍록의 자태를 드러내고,
계곡 물엔 티 하나 근접을 못 하는 날,
사람들이 저마다
거울 속처럼 환히 드러나는
영혼을 서로 비춰보는 날이로세.
아아, 더없이 아름다운 날이로세.
찬미할진저, 찬미할진저.
천지만물이 시간 속에 있으면서
그냥 그대로,
영원의 모습으로 빛나고 있음이여!
해도 오너라, 달도 오너라.
사슴도 거북도 학도 오너라.
대나무도 소나무도 바위도 오너라.

우리 모두 손잡고 춤추며 노래하세.

이 좋은 날,

더없이 아름답고 더없이 화락한,

빛뿜는 날을.

학

이 나라 사람들은 학수(鶴壽)를 원해서
베갯모에까지 학을 수놓지만,
또한 옛 고관들은 그 고결과 우아를 기리어서
쌍학을 수놓은 흉배를 달았지만,

학의 수명은 신선이나 알까나.
육백 년이 지나면 물만 마시고도 산다는 학의,
이천 년이 지나면 흰 깃털이 온통 칠흑으로
바뀐다는 학의 신비, 불로초나 알까나.

일체에 초연하여, 드높이 비상하는,
무애춤 추는, 학의 마음은 구름이나 알까나,
청자빛 하늘에 생멸(生滅)이 자재로운.

때로 홀연히 학이 지상에 모습을 보이는 건
나무 중의 영물(靈物)인 소나무가 있기 때문.
노인과 동자(童子)도 와 있으니 오라고 부르기 때문.

사슴

사슴의 수명을 아는 사람 있을까?
얼룩사슴, 꽃사슴이 천 년쯤 살다 보면
그 털가죽이 회색으로 변한다네.
사슴의 수명을 누가 안다면 거짓말이지.

이어서 오백 년의 세월이 지나면
회색의 털가죽이 설백(雪白)으로 바뀐다네.
백록담(白鹿潭)이란 말이 있는 걸 보면
백록(白鹿)을 본 행운아가 있기는 있는 모양.

다시 오백 년의 세월이 지나면
사슴뿔 빛깔이 검은 색 되고
불로초나 씹으면서, 영생을 누린다네.

이윽고 사슴은 불로초도 마다하고,
산정의 수정 같은 물이나 마신다네.
어쩌다가 신선과나 더불어 논다네.

거북

한국의 웬만한 명산 꼭대기엔
오래된 거북들이 엎드려 있나니,
이 땅이 예부터 신들의 총애를
받아온 나라임을 알 수 있다.

그런데 평지에 엎드린 거북들은
역사적 기념비를 등에 지고 있음이여.
그중 우람하고 빼어난 것이
신라 태종무열대왕릉(太宗武烈大王陵)을 지키는 거북.

하동 쌍계사엔 아직도 여전히
진감선사대공탑비(眞鑑禪師大空塔碑)를 등에 진 거북,
보면 누구나 절로 아아, 소리를 지르나니.

서울 한복판의 원각사는 옛날에 불타버렸건만,
지금도 두 마리 용이 서려 있는 석비(石碑)를 모신
거북은 살아 있다. 거북은 살아 있다.

불로초

불로초 찾으러 어디로 가야 하나.
십장생 어우러진 선경으로 가면 되지.
하지만 그런 곳이 어디에 있을라구.
인간과 문명에 오염이 안 된 곳이.

설사 인간이 그런 선경을 찾는다 하더라도
해·구름·바위·물·학·사슴·거북
대나무·소나무는 볼 수 있겠지만,
불로초는 끝끝내 찾을 수 없으리.

탐·진·치 삼독을 여의지 않는 한
누우런 똥이 오히려 황금으로 보이는 한
인간의 눈엔 불로초가 안 보이리.

불로초 찾기 전에, 인간은 먼저
심신을 탈락시켜야 하리. 영혼이 맑아지면
만상이 보이거늘, 불로초 안 보일까.

3 청자시편(靑磁詩篇)

청자상감송하탄금문매병
(靑瓷象嵌松下彈琴文梅瓶)

탕건을 쓴, 흰 모시옷의 탈속한 노인이
거문고 타다. 청솔방울을 유난히 많이 단
소나무 아래에서. 그 신묘한 거문고 가락 스며
솔잎은 더욱 푸르러지고, 청아한 바람 일다.

마침내 소나무는 서서히 몸을 꿈틀대기 시작하다.
용비늘 번뜩이며 온몸을 구불구불 틀어 올리더니
하늘로 날아가다. 하지만 노인이 바라볼 때엔
여전히 되돌아와 우줄우줄 장단에 춤추는 소나무.

소나무 둘레엔 어느덧 흰 학이 세 마리나
날아와 있다. 벽공에서 흰 구름하고나 어우러지는
학이. 땅 위에 내려와도 나래를 못 접는다.

학들에게 노인이 무심한 구름으로 보이는 까닭이다.
그것도 아주 희한한 흰 구름, 소리 내는 구름으로.
하여 지금 학들도 희한한 나래춤을 펼치고 있다.

청자동자상(靑磁童子像) 이모저모

1

입 지름 8센치의 청자 술잔 속에
혼자 노는 아이,
오른손은 연꽃송이
왼손은 버들가지 들고 걷고 있소.
아이는 도무지 싫증을 모르오.
신이 날 뿐이라오.

술잔 둘레 밖의
세월은 이미 팔백 년이 흘렀건만,
잔에 입 대었던 고귀한 입술들은
이미 티끌로 사윈 지 오래건만.

과거와 미래가 더불어 탈락한
절대현재 속에
아이는 지금도 처음 그대로 걷고 있소.
더는 젊을 수도 늙을 수도 없다오.
오직 새롭게 나날이 이어지는
청자빛 즐거움,

지금의 마음.

  2

아침 햇살 받자
연잎의 이슬
엄지만한 비취빛 옥동자로 둔갑하다.
못 속으로 사뿐히 뛰어들어
자맥질하다.
(못물이 그렇게 더러운 줄 몰랐었지)
간신히 연꽃 줄기를 타고
연잎으로 기어나와
이슬로 목욕하다.
다시 처음의 비취빛 옥동자로 되돌아가다.
연꽃 속에서 한잠 늘어지게 자고 났더니,
심신이 날아갈듯 가벼워지다.
이윽고 옥동자는
연꽃 봉오리 줄기를 부여안고
볼을 갖다 대다 연꽃 봉오리에.
우리는 같다고,

우리는 하나라고.

　3
포도밭은 청자빛 아이들의 놀이터.
포도는 주렁주렁 탐스럽게 열렸건만
아이들은 포도를 탐내지는 않는다.
덩굴에서 덩굴로
줄기를 잡고
미끄럼 타기,
대롱대롱 매달리기,
가볍게 건너 뛰기,
어정어정 거닐기,
어느 새털이 그처럼 가벼우랴.
어느 다람쥐가 그처럼 날렵하랴.
신출귀몰의 청자빛 아이들.

그들은 무한의 생명을 지니다.
세상에 바람과 이슬이 있는 한,
세상에 햇빛과 달빛이 있는 한,

세상에 도무지 시들 줄 모르는
청자빛 포도밭의 포도가 있는 한.

   4
덩굴풀 가지에 걸터앉은 채
하마 팔백 년의 세월이 흘렀건만,
엄지만한 청자빛 알몸 동자 하나
눈 감고 있다, 무심하고도 행복한 표정으로.

하긴 떨어질세라 두 손으로
줄기를 부여잡고 있기는 하나,
(아직 눈 뜨자면 이백 년이 더 흘러야 하는 모양)
동자에겐 천 년이 눈 깜빡하는 사이.

하늘과 땅이 낼 수 있는
어떠한 폭음, 어떠한 참변도
동자의 고요와 평화를 깰 순 없다.

이 엄지만한 청자빛 동자의

그 무구한 알몸이 그대로
우주의 한 중심인 까닭이다.

청자구룡정병(靑磁九龍淨甁)

아홉 개의 용머리가 제각기 다른 허공을 바라보며,
입을 딱 벌리다. 아홉 몸은 뒤섞여서
하나로 합치다. 서리서리 휘감겨서 청자구룡
정병을 이루다. 그 안의 물은 마르는 법이 없다.

십 년 가뭄이 지속된다 하더라도,
땅은 갈라지고 구천(九泉)의 물까지 마른다 하더라도,
정병 안의 물이 바닥나는 법은 없다.
마시면 누구나 세속의 고뇌를 여의게 마련.

룸비니 동산, 무우수(無憂樹) 아래에서 그 옛날 싯달타
태자가 탄생하자, 오색 구름 뚫고
목욕물을 뿜어주던 그 아홉 마리 용을 아는가.

그 불사(不死)의 구룡이 합쳐, 다시는 서로
떨어지지 않으려고, 정병 안의 생명수를 지키려고,
철통 같은 단합을 과시하고 있다, 천상천하에.

청자상감운학문매병송
(靑磁象嵌雲鶴文梅甁頌)

창조의 씨앗 지닌
하나의 아쉬움이
부풀어오를 대로 부풀어오른
절정의 포만에서
위로 입 벌리고
그 안을 텅 비울 대로 비움에
굳어진 윤곽,
청자매병이여.

홍매화 한 가지
길게 꽂으라고
매병이라 하였는가.

너의 완미(完美)한 형태도 그렇지만
더구나 그 빛깔!
그것이 보이자면
눈에서 여러 번 비늘이 떨어져야,
몸과 마음이 더불어 탈락해야.　　　　*

오오,
영원에 빛깔이 있다면,
〈니르바나〉에 빛깔이 있다면,
그것은 청자색.

그런 빛깔을 온몸에 둘렀기에
너는 생멸(生滅)의 굴레를 벗어났다.

너는 꿈꾸는 고요의 화신(化身).
너는 허공 중에 떠 있으면서도
  시들지 않는 꽃.
너는 늘 새롭게 숨쉬는 호흡.
너는 적멸위락(寂滅爲樂)의 보궁(寶宮).
너는 금석보다 견고하면서도
  안개보다 부드럽다.
너는 무한 비상(飛翔)이자 확고부동이다.
  하늘이자 땅이다.
너는 절묘한 선미(線美)의 극치.
너는 완벽한 균형과 조화.

너는 눈물 속에 빛나는 여의주.
너는 늘 비어 있는 까닭으로
    충만해 있다.
너는 시작이자 끝이고, 끝이자 시작이다.
    흐르는 유현(幽玄)이다.
너는 때로 하나의 티끌로 줄어들기도 하고
    우주를 거뜬히 삼키기도 한다.
    그런 때 너는 홀연히 안 보인다.
너는 만상과 더불어 있으면서
    끝날 줄 모르는 독락(獨樂)을 즐긴다.

보라, 보라, 보라, 보라.
사람들아 사람들아
무명(無明)의 티끌눈을 감로(甘露)로 씻고
바로 지금 여기
똑바로 보아라.

이 매병이 일으키는 기적을.
무아(無我)의 도취와 황홀의 순수지속.   *

오오,

〈니르바나〉

적멸위락의 창자색 하늘에

떠 있는 흰 구름들,

무심의 정화(精華)들,

어쩌면 불로초 같기도 하고

어쩌면 백송(白松) 같기도 한데,

그 사이사이

어우러지며 소리없이 비상하는

백학(白鶴) 떼를 보아라.

일찍이 이렇게 헤아릴 수도 없이

무수한 백학 떼의 비상을 볼 수 있으리라곤

상상도 못 했거니,

지금

이몸이 신선이 되지 않고 언제 되랴.

하자 이몸은

둥실 떠오르고 겨드랑이에는

날갯짓 소리가 나는 듯싶었으나,
아뿔싸, 두 다리는 여전히 땅에
못박혀 있음이여.

그렇다, 저 청자색 하늘에서
감히 어우러져 노닐 수 있는 것은
백운과 백학 말고
달리 있겠는가?

청자상감포류수금문판
(靑磁象嵌蒲柳水禽文板)

수양버들 치렁치렁 휘늘어진 가지 새로

들락날락 희롱하는

일에도 지쳤는지, 청자빛 바람

갈대로 옮겨가서

갈대꽃을 흔들다가,

갈대꽃 흐느끼는 한숨을 듣다가

살짝 가을 물 위로 내려앉다.

동시에 강변의 물오리들은

일제히 가을 물 속으로 뛰어들어

이리저리 헤엄친다.

목이 간지러워 죽겠다는 듯

물 속에 담갔다 빼냈다 하며

수선을 떨고 있다.

물오리들은 도무지 짐작도 못 하고 있지만

실은 개구쟁이, 청자빛 바람이

그 투명한 혓바닥으로

물오리 목을

핥아주고 있기 때문.

청화백자조어문화병(靑華白磁釣魚文花甁)

이 괴석은 괴석이면서도

괴석이 아니다

이 난초는 난초이면서도

난초가 아니다

더벅머리 소년은 냇물에 발 담그고

낚싯대를 드리운 채

물낯바닥을 바라보고 있으면서

물낯바닥을 바라보고 있지 않다

그 낚싯대는 낚싯대이면서

낚싯대가 아니다

맑은 냇물은 흐르고 있으면서

흐르고 있지 않다

난초꽃은 활짝 피어 있으면서도

활짝 피어 있지 않다

난초꽃 향기는 온 공중에 충만해 있으면서

온 공중에 충만해 있지 않다

더벅머리 소년은

틀림없이 더벅머리 소년이면서도

틀림없이 더벅머리 소년이 아니다

4 춤본

춤본
— 金梅子의 공연을 보고

1

언제부터인가
캄캄한 어둠 속 대지 위에
그녀는 쭈그린 채 이마를 조아렸다.
온몸이 귀가 되어, 대지의 고요에
숨은 비밀을 들으려 하였다.
탄생 이전의 근원으로 돌아가서,
어머니 자궁 속에 있었을 때의
무구(無垢)한 몸짓들을 익히려 하였다.
아니, 실은 그보다도 훨씬 이전의
전생(前生)의 기억들을
상기하려 했다.

그러자 불현듯
명치 끝에서 힘이 솟구쳤다.
율동이 일었다.
허리가 들렸다.
어느덧 두 손이 옆으로 퍼지면서,
활짝 펴지면서

퍼덕이기 시작했다.
가볍게 온몸이 공중에 뜨더니
날기 시작했다.
(그렇다, 그녀는 전생에 새였다
그것도 아주 거대한 새였다
해와 달 별들 사이
우주 공간을 신나게 넘나들며
빛을 뿌리던
바람을 일으키던)

2
비상(飛翔)의 자유를 완전히 되찾은
그녀는 이제 혼자가 아니었다.
보라, 저렇듯 유유히 빛 뿌리며
신나게 퍼덕이는 환희의 날개짓을.
두 마리, 세 마리, 네 마리, 다섯 마리……
아니, 온통 하늘을 덮은 새들의 무애춤을.

새들이 뿌린 빛으로 하여

어둠은 사라지고,
삼라만상이 제 빛깔을 드러낸다.
얼씨구절씨구 어깨춤 춘다.

하나의 눈뜸 속엔
실로 무수한 눈뜸이 있었구나.
하나의 율동 속엔
실로 무수한 율동이 있었구나.
한 마리 새 속엔
실로 우주가 깃들어 있었구나.

  3
새는 온전히 새이면서
새가 아니어야
구원(久遠)의 새가 된다.

그녀가 자기를 더없이 자유로운
새라고 여겼을 때,
천상천하에 둘도 없는 신조(神鳥)라 뽐냈을 때,

순간 그녀는 온몸이 뒤틀렸다.

돌덩이처럼 단단히 굳더니,

급전직하(急轉直下)

의 무서운 추락……

이내 수렁 속에 거꾸로 박히었다.

덩달아 다른 새들도 추락, 거꾸로 박히었다.

오오 캄캄, 캄캄……

피눈물 섞인 칠흑의 캄캄, 캄캄……

수렁 밖으로 보이는 것이라곤

검은 묘비인 양

새들의 긴 다리……

   4

그렇게 얼마나

시간이 흘렀을까.

눈도 코도 없는

수렁 속에서도

한 점

쉬지 않는 고동이 있었다.
근원의 부드러움,
율동이 있었다.

수렁 밖 새 다리는
어느덧 사라지고
차츰 시나브로 내미는 것이 있다.
미지에의 조심스런 탐색인 양
마치 꿈꾸는 작은 돛폭인 양
오오 하이얀 인간의 손들……
신생(新生)의 신호.

이윽고 아름다운 젊은 남녀들이
신비에 찬 삶에의 외경으로
떨리는 상반신을
수렁 위로 드러냈다.
모두 한결같이 서광을 향해
비스듬히 기울인 상반신을.

녹색의 열
— 야마다 세쓰꼬의 무도를 보고

그녀는 황야의 외로운 고목이다.

그녀는 속에 삶의 에너지, 불사의 혼,

    녹색의 열을 감추고 있다.

그녀는 부단한 정중동(靜中動)이자 동중정(動中靜)이다.

그녀의 얼굴은 노오멘(能面) 같다.

    무표정의 표정이다.

그녀의 열린 눈은 영원을 응시한다.

그녀는 큰 손발이 돋보이게

    맨손과 맨발이다.

그녀의 무도(舞蹈)는 그 맨손과 맨발이 자아내는

    암호의 연속이다.

    순간의 영원화(永遠化)다.

    형이상학적 판토마임이다.

그녀의 의상은 차라리 남루다.

그녀는 시시각각으로 죽어간다.

    근육은 경직되고

    신경은 아프게 긴장하다 못해

    손발이 뒤틀리는 발작을 일으킨다.

    드디어 쾅, 자빠지고야 만다.

죽음의 정지일까? 천만의 말씀이지.
그녀는 시시각각으로 소생한다.
　　　하늘에서 드리워진,
　　　안 보이는 동아줄을 붙잡고 일어난다.
그녀의 열린 눈은 그 암흑의 심연 속에서도
　　　영원을 응시하고 있었던 것이다.
그녀의 본질은 유연성과 리듬이다.
　　　삶이란 유연과 경직(硬直)의 끊임없는
　　　갈등과 싸움의 드라마임을
　　　그녀는 보여준다.
그녀는 약간의 장난기를 되찾는다.
　　　잊었던 유년의 하늘과 숲과
　　　대지를 떠올린다.
그녀는 순간 온몸이 귀가 된다.
　　　21세기의 여명을 알리는 듯
　　　어떤 신묘한 새 소리를 듣는다.
　　　새를 좇는 세 아이들의
　　　발소리도 들린다.
　　　그들은 서로 어우러지면서도

제각기 혼자다.
천진난만한 귀여운 희롱 속엔
하마 가슴 아픈 물음이 고개를 들고 있다.
그녀는 모이를 뿌리기 시작한다.
그 안 보이는 새를 위해.
어쩌면 저 세 아이들이
새인지도 모른다는 생각을 하며.
그녀는 온몸이 하나의 물음이다.
늘 근원적인 존재의 물음이다.
마치 북두칠성과도 같은
신비로운 물음표다.
세 아이들도 제각기 물음표다.
우리는 어디서 왔는가?
우리는 무엇인가?
우리는 어디로 가는가?
그녀는 황야의 싹트는 고목이다.
그녀는 속에 삶의 에너지, 불사의 혼,
녹색의 열을 감추고 있다.

야마다 세쓰코

그녀의 무도(舞蹈)는 혼의 집중과 지속의 열기가
육체로 발현되는 삶의 순수한 드라마이다.
신들린 육체의 소리 없는 오열이다.
새로운 전율의 창조이다.
역동적 선(禪)이다.
왜 관중은 시종 그녀의 무도에 홀리는가?
잠시도 눈길을 뗄 수 없는가?
그 무서운 흡인력의 정체는?
바로 그것이 그녀의 혼이다.
누가 육화(肉化)된 혼의 드라마에서
눈길을 돌리리오?

빈사의 백조

― 나탈리아 마카로바에게

백년에 한 사람 나올까 말까 한
세기의 무희, 나타샤는 마침내 백조가 되었군요.
오오, 놀라운 변신이어라, 신화 속에서나
있을 수 있는 일이 지금 눈앞에 펼쳐지다니.

그것도 바야흐로 죽어가는 백조로.
아직은 두 깃을 겨우 파닥거릴 힘은 있지만
머리끝에서 발끝까지, 떨리지 않는 근육,
떨리지 않는 신경, 떨리지 않는 털이라곤 없군요.

그녀는 마치 온 누리의 어둠을 혼자서
떠맡기라도 한 듯. 그 어둠에 눌리지 않으려는,
그 어둠을 빛으로 바꾸려는 빈사의 몸짓.

마지막 몸짓 노래. 평생을 건 꿈의 빛뿜는 떨림.
이윽고 노래는 서서히 꺼져가고,
아름다워라, 숨진 다음에도, 백조는 더없이.

김숙자의 춤

나는 어젯밤
문예회관 대극장 춤판에서
육십사세의 김숙자(金淑子)가 마침내
전통무용의 신(神) 되는 걸 보았다.

그러면 신도 다리를 다치나요?
몇 해 전의 교통사고,
제 살을 떼어붙인 이식수술 말이군요.
김숙자의 살은 살이 아닙니다.
김숙자의 귀 · 눈 · 코 · 입
김숙자의 손발이 그렇듯이
그것은 춤이에요.
춤을 떼어다 춤에 붙인 거죠.
그러기에 김숙자는 늘지도 않았고
줄지도 않았던 것.

김숙자는 김숙자.
살아있는 전통이다.
승무 · 부정놀이 · 입춤 · 도살풀이……

무속춤의 대명사다.

얼음이 물이 되듯,
끈질긴 정한(情恨)의 덩어리인 그녀가
춤판을 벌이면
그냥 고스란히 춤의 화신(化身) 되는구나.
물오른 버들보다 유연해지는구나.
자꾸 새록새록 힘이 솟는구나.
늙음도 세념(世念)도 춤추는 그녀와는 무관한 것이구나.
춤은 황홀을,
황홀은 신들린 멋을 낳는구나.
하이얀 고깔 쓰고
천지간을 주름잡는 검은 장삼의
승무를 추던 그녀,
부정놀이에선
빨간 모자에 때때옷 입은
홍안 미소녀로 깡충깡충 뛰더니만,
도살풀이에서는
구름밭 위로 솟아 백련(白蓮)으로 피는구나.

세속의 모든 재난은 소멸하고,
구만 리 밖에 티끌로 떨어지고,
정화된 공간에 홀로 고운 그녀.
완벽한 춤사위와 춤사위의 이어짐.
흐르는 꿈. 무아(無我)의 몸놀림.
고요와 움직임이, 혼과 육체가
둘이 아님을 말해주는
선무(禪舞)로소이다. 신무(神舞)로소이다.

김숙자는 김숙자.
그녀는 거기 가만히 서 있어도
춤의 진수다.
이 나라 무속춤의 원형이자 극치다.

cosmic dancer
— 아이리스 박에게

― 오오, 저것이 바로 지구인 모양이지?
― 은하계에선 비할 데 없이 아름답다는 별.
― 맞아, 하지만
　　이건 상상을 초월하는 아름다움!
　　저 파아란, 황홀한 빛은 어디서 나는 걸까.
　　지구는 마치
　　울트라마린의 연꽃 같지 않아?
　　우주는 검을 현(玄) 어둠에 싸였는데.
　　저 음악 소리……
　　삶의 희열을 일깨우는 것도 같은……
　　강물의 숨 소리가 들리는 것도 같은……
― 요한 슈트라우스의 '푸른 다뉴브',
　　우리 외계인들의
　　도래를 은연중 환영하는 모양이야.
― 쉿, 저 아름다운 무희 좀 보게.
　　칠색의 무지개빛 옷을 입었어.
― 아이리스 박이라고
　　무지개의 여신이야.
　　우주 공간을

신나면 저렇게 혼자서 주름잡지.
— 저 생글생글 웃는 얼굴,
　　　어쩌면 팔다리가 저렇게 희고,
　　　섬세하고, 유연할 수 있을까.
　　　하늘하늘 가볍게, 나는 건지, 걷는 건지,
　　　가락 따라, 박자 따라
　　　신축자재로움, 점이자 원일세.
　　　비상이자 정지일세. 꿈이자 현실이고.
— 그대가 어느덧 시인이 되는구먼.
　　　지구인한테서 우리가 배울 것은
　　　춤밖에 없어. 그들 중 난 자들은
　　　자신의 생체 리듬, 들숨과 날숨을
　　　우주의 리듬과 합치시켜
　　　자유무애의 신명을 얻는다네.
　　　그러면 저절로, 저 아이리스 박과 같은
　　　무애춤도 추게 되지.

5 바늘 돋친 심장

저 산비둘기가 부끄럽지 않나요

아이고. 무시라, 무시라, 무시라.
어제만해도 내 귓속에 장미의 밀어를
종일 소곤대던 당신의 입에서
오늘은 지렁이, 두꺼비, 거미, 쥐새끼들이
쏟아져 나오다니!
이러다가 당신의 이빨에 물려
세상 하직하게 되는 건 아닐지.

구구구 구구… 우리를 축복하던
저 두 마리 산비둘기가 부끄럽지 않나요?
간밤에도 이몸의 구석구석 모란빛 유약을
바르며 애무하던 당신의 손이
아이고 무시라, 몽둥이를 들다니!
당신 손찌검에 백 번 멍들망정
안 한 서방질을 했다고는 못 하오.

순결의 증거를 대라니요?
차라리 귀 가리고, 입 다물고, 눈 감겠소.
이렇게 어이없이

지옥으로 돌변한 당신의 가슴을
천국으로 믿었던 이몸의 어리석음,
그 죄값으로 혀를 깨물망정
다시는, 다시는 눈 뜨고 싶지 않소.

조각달의 장난

깨어 보니 나는 알몸이었어요.
이슬 젖은 풀밭 위에.
그런데 그이는 보이지 않고,
증발한 거예요, 흔적도 없이.

온몸이 와들와들 떨리기 시작했죠,
옷을 주워 입을 기운도 없었어요.
내가 무엇에 홀렸단 말인가?
남자를 처음 겪는 일도 아니건만.

달빛이 벗겼을까 나의 상아팔찌를,
별빛이 벗겼을까 나의 브래지어를,
아냐, 아냐. 그이의 눈물방울이었지요
이 마음을 온통 녹이고 말았던.

남자의 눈물은 처음이었거든요.
남자도 때로는 눈물로 여자를
꼬시기도 한다는 걸 그땐 몰랐고,
그 눈물에선 달 냄새가 난다고 생각했었지요.　　　*

문득 고개 들어 하늘을 보았더니
거기 매서운 조각달 끝에 걸려 있었어요
아무리 찾아도 보이지 않던
나의 팬티가, 공중에 대롱대롱.

당장엔 깨가 쏟아진다 하더라도

눈 맞고 살 맞으면
누구하고도 통하는 게 사랑이라(?!)
기혼자가 처녀를, 총각이 유부녀를
건드려도 되는 걸까.

아무래도 그것은
자기와 남을 속이며 해치는 일.
두 사람의 포옹에서 당장엔 깨가
쏟아진다 하더라도,

붉은 핏빛 하트 꽃이
하늘로 피어 오른다 하더라도
언제까지나 그런 것은 아니라오.
비누방울처럼 터지고 만다오.

진정한 사랑의 하트 꽃은
하늘로 피어 오른다 하더라도
언제까지나 시들지 않고
마침내 불멸의 보석이 되건만. *

살만의 사랑은 뻔할 뻔자 사랑,

고무풍선 사랑, 물거품 사랑,

허무한 사랑, 노리개 사랑,

피임약만큼이나 흔해빠진 사랑.

바늘 돋친 심장

처음 그녀가 내 품에 안겼을 때
나는 뼛속까지 한기를 느꼈어요.

그동안 수없이 사랑에 속고
돈에 울었을 그녀의 언 심장 탓이려니.

그녀를 따스하게, 온통 녹여
봄물 되어 흐르도록 해 주고 싶었지요.

하지만 그건 내 어림도 없는 치몽,
세상 몰랐던 건 오히려 나였어요.

차츰 그녀는 방자해지더니
껄끄러워지기 시작하더군요.

나는 그걸 어리석게, 심장에 어쩌면
털이 좀 난 게지, 하고 웃었지만

차츰 따끔따끔 가슴이 찔리데요.

핏방울이 뚝뚝 떨어지기도 하고.

이기와 간계의 바늘 돋친 심장도
세상엔 있다는 것, 아는 이는 알 거라.

어느 플레이보이의 고백

나는 여자를 쫓지는 않았어요,
제발로 걸려들게 냄새만 피웠지요.
나는 여자를 차버리진 않았어요,
제발로 떨어져 나가게 하였을 뿐.

색도에 눈을 뜨니, 내 눈엔 이상하게
스스로 꼬리치는 여자만 보였어요.
그런 여자들이 오죽하겠습니까만
세상엔 우글우글 너무도 많았어요.

나는 차츰 간덩이가 부었지요.
아무리 먹어도 배 부른 줄 모르겠고,
아무리 씹어도 살맛이 안 났어요.
어디 좀 색다른 스릴을 찾아보자.

그래서 총 메고 나선 게 처녀 사냥,
생전 처음으로 여자를 쫓았지요.
스릴 백 프로, 마침내 총을 겨누고 쏘려는데
어럽쇼, 난데없이 호랑이 한 마리   *

와락 내게 덤벼들어 혼비백산했죠.
그 뒤로 나는 그만 못쓰게 되었어요.
〈개구리도 한철〉이라는 것을
나는 좀더 일찍 알았어야 하는 건데.

집도 절도 없고……

집도 절도 없고
처자도 애인도 없다고 낙심 말라.

그런 것은 모두가
있다가도 없어지고, 없다가도 생기는 것.

소중한 것은
그대의 가슴속 목숨의 불이니라.

그 불이 타올라야, 치열히 타올라야
불사조인 양 기적이 이느니라.

썩은 새끼줄은 칠칠한 동아줄로,
모자라던 손길은 쉽게 줄에 닿고.

캄캄 절벽은 사방이 툭 트인
광활한 공간으로 바뀌고 마느니라.

〈하늘은 스스로 돕는 자를 돕는다〉

언제 어디서나 이 말을 명심하라.

절망이란 두 글자는
이 세상에 없는 것으로 치부하라.

또 한 해를 넘기기 전에

믿어지지 않는구려
한때엔 우리도 사랑했다는 것이,
시간 가는 줄도 몰랐다는 것이.

우리는 이제 서로가 지옥이오.
'여보 사랑해'
어떻게 그런 말을 입에 담았었는지.

봄 · 여름 · 가을 · 겨울……
일 년의 순환이 참으로 참혹하게
어둡고 지겹고 괴로울 따름.

이젠 다른 도리가 없겠소
헤어지는 수밖에는.
서로 증오하며 살 수야 없지 않소.

만나서 사랑하는 자유가 있었듯이
인연이 다하면
헤어지는 자유도 있는 법이라오. *

아아, 헤어지는 자유의 고마움,

홀가분해집시다

또 한 해를 넘기기 전에.

6 금성인(金星人)의 새해 편지

금성인의 새해 편지

지구에서는 금성이 첫눈에 들어오는 별이듯
금성에서는 지구가 가장 아름다운 별입니다.
그것도 환상적인, 울트라마린의
연꽃인 양 보이는 별입니다.

그 지구의 신비에 이끌리어
이곳에 온지도 이젠 일 년이 되었습니다.
지구인 여러분, 안녕하십니까.
새해엔 아무쪼록 복 많이 받으세요.

특히 한국은 산천초목이 너무 아름답군요.
그 한 허리를 뎅가당 잘라놓은
국제적 협잡이 왜 끝날 줄 모르는지요.
새해엔 먼저 그 종지부가 찍히도록.

한국이 통일되면, 오, 그것은 지구의 영광,
온 은하계의 별들이 손뼉 치며
노래할 것입니다. 손에 손잡고
오색이 영롱한 둘레춤을 출 겁니다.   *

솔직히 말하자면, 지금 지구는 병들어 있어요.
스스로 만든 핵폭탄의 공포 앞에
오들오들 떨면서도, 인류는 여전히
끔찍한 불장난을 쉬지 않고 있거든요.

모순과 당착 덩어리예요. 거의 괴물이죠.
어떤 지역 사람들은 낭비와 포식으로
배가 터질 지경이고, 어떤 고장 사람들은
기아와 빈곤으로 피골이 상접했죠.

지구인들은 일반적으로 변덕이 심해요.
천사도 부러워할 가슴속 천국이
왜 그처럼 순식간에 지옥으로 바뀌는지 말예요.
마음속 마음, 항심이 아쉬워요.

대기오염을 탄식하기 전에
산아제한에 광분하기 전에
마음의 찌꺼기를 걸러내기 바랍니다.
영혼에 묻은 때를 닦아내기 바랍니다.   *

그렇게 되면 지구는 순식간에 밝아질 거예요.

사랑과 희망과 믿음으로 찰 거예요.

지구 본래의 무구한 색깔, 울트라마린의

연꽃 향기를 온 우주에 풍기게 될 거예요.

무진년(戊辰年) 새 아침에
– 시인과 인수봉과의 대화

시인

벽공을 등지고 서설에 살짝 덮인

오늘 당신은 유난히 아름답다.

등룡(登龍) 직전의 거대한 잉어 같은

당신의 모습, 올해 무진년엔

마침내 용으로 되는 게 아닐까.

벌써 그러한 조짐이 보이는 걸.

이 싱그러운 비린내는 무엇인가?

서설 밑 당신 몸에 새로 돋은 비늘 비늘.

인수봉

시인이여, 그대의 예감은 적중하리.

올해엔 나 인수봉(仁壽峯)뿐 아니라

이 땅의 모든 산수(山水)의 정수가,

아사달의 신단수(神壇樹)도, 백두산 천지도,

설악도, 지리산도, 한라산 백록담도,

등룡하는 해라. 한강도, 무등산도,

등룡하는 해라. 서해도, 동해도,

등룡하는 해라. 홍도도, 울릉도도.   *

시인

아아, 그렇지, 그렇고말고.

하지만 어찌 산수(山水)뿐이리요.

천 · 지 · 인 삼재(三才)가 하나로 통하거늘.

무진년은 새로운 신화가 열리는 해.

단군 성조의 홍익인간 이상이

비로소 세계 만방에 선양되고

반만 년 시련을 극복한 보람으로

우리 배달겨레는 세계사의 주역 되리.

인수봉

경제 성장에서 민주 정치 구현되면

올해 이 나라는 기적의 땅이 된다.

세계에 빛뿜는 여의주 된다.

만방의 선발된 꽃다운 젊은이들

서울에 모여들어, 구름처럼 모여들어

힘과 의지와 기량을 겨루리니,

찬가를 부르리니, 춤을 추리니

이 땅의 품 안에서 세계는 하나 되리.

1988년을 보내며

겨우 아슬아슬 풍랑을 헤치며
육공(六共)은 출범했고,
막혔던 언로(言路)를 터 줌으로써
민주화의 깃발은 내걸렸다.

계속 흔들거리는 풍랑 속에서도
올림픽의 성공적 개최.
단군 이래 겨레의 저력이 과시되었거니,
세계의 주목과 갈채를 받았다.

이어서 오공비리(五共非理)의 척결,
전두환 전대통령의 몰락.
못된 탐욕과 권세에 눈멀었던
군사정권의 말로란 그런 것.

사필귀정이 역사의 심판일세.
악인선과(惡因善果)란 있을 수 없음이여.
다시는 권력형 부패가 안 생기게
양심과 정의, 민주와 평화의 대로를 가세. *

저 간디의 십분의 일만한 매력이라도

지닌 지도자가 이 땅엔 아쉽구나.

그렇듯 고매한 사상과 실천의,

악마라도 굴복할 떳떳한 도덕성의.

어느 주부의 새해 편지

시집 와서 김장을
열 번쯤 담갔더니,
이제 저는 너그러운
두 아이 어머니가 되었습니다.

때로 저는 한없이 열리어서
광막한 초원이 되기도 합니다.
남편은 어디선가 백마 타고 달려와서
이내 어디론가 신나게 질주하죠.

아이들은 강아지와 뒹굴며 놀다가
그림책을 보거나 낮잠을 자고요.
막내녀석의 고사리 손엔
몇 송이 보랏빛 제비꽃이 쥐어진 채.

그런 때 저는 목청이 열립니다.
뜻밖에도 노래가 술술 나옵니다.
음치였던 제게 기적이 입니다.
감사와 희열의 눈물이 솟습니다.   *

오늘은 새해 첫새벽을 맞이하여
저는 오래 잊었던 기도를 드렸지요.
개다리 소반에 정화수 한 사발,
그 밖엔 아무것도 없이 말입니다.

천지신명의 보살핌 없는
인간끼리만의 힘이란 헛거예요.
저도 옛날 어머니들을 닮아가는 것인지요?
이 편지엔 선생님, 꼭 답장 주세요.

새해엔 날마다 좋은 날 되소서

이 좋은 날,
새로운 날을 두고
왜 어제에 집착하십니까?
왜 벌써 내일을 걱정하고 계십니까?
오늘 하루를 알뜰히 삽시다.

보십시오.
저 서울을 굽어보는 수려한 북한산
백운대 · 인수봉 · 만경대의 삼형제를.
붉은 해가 동녘에 떠오르자
오늘도 제일 먼저
황금 햇살을 이마로 받으면서
쨍, 쨍, 쨍……
울리는 쇳소리를 냈습니다.
그 소리는 삽시간에
온 누리에 구석구석 퍼졌어요.
저도 그 순간
자리에서 일어나서
북한산 바라보며 합장했습니다.

그 소리는 지금도 귓속에서
이렇게 말합니다.

「오늘도 또한 더없이 좋은 날,
오늘 하루에 최선을 다하여라.
오늘 하루를 온전하게
알뜰히 누릴진대,
그대는 영원한
기쁨의 샘이 되리」

맞는 말씀예요.
그 말씀대로 사는 사람에겐
지금 이곳보다
더 좋은 때와 장소가 없습니다.
날마다 좋은 날,
곳마다 꽃 피고 새 우는 불국토(佛國土)죠.

다만 아지도
미혹의 수렁에서 벗어날 줄 모르는

아둔한 사람들은
오늘도 여전히
서로 치고 받고 헐뜯고 욕하고
피 흘리는 아귀다툼……

실은 그것이
다 자업자득(自業自得)임을 알아야겠습니다.
오늘 하루를 온전히 살긴커녕
아무렇게나 개판으로 사는 탓에
생긴 찌꺼기가 쌓이고 쌓여
곪아 터지고 있다는 것을.

오늘 하루를 알뜰히 삽시다.
그것이 영원을 사는 비결예요.

이제 경오년 새해를 맞아
우리 이렇게 인사를 나눕시다.
새해엔 날마다 좋은 날 되소서.
새해엔 날마다 좋은 날 되소서.

경오년 새해 밝자……

경오년 새해 밝자

하늘에서 말 달리는 소리가 들려왔다.

보니 백마다.

입에선 불을 뿜고,

바람에 나부끼는 말갈기도 멋이 있다.

말발굽에선 향내가 나는구나.

어디서 많이 본 듯하다.

옳아, 그것은 신라의 옛무덤을

뚫고 나온 천마(天馬)임에 틀림없다

벌써 오래 전에.

천마는 저렇듯

그동안 하늘을 날고 있었구나.

「남북이 통일되는

그날까진 여전히 하늘을 달릴 거요」

천마는 이렇게 말하곤 사라졌다.

나는 행복했다.

새해 첫날에

하늘을 달리는 친미를 보았으니.

올해엔 아무래도

좋은 일이 자꾸자꾸 생길 것만 같다.

운수대통의 해!

개인이나, 겨레나,

국가나, 세계나.

자유와 민주주의, 개방과 교류,

평화와 번영……

하지만 공연히 들떠선 안 되고,

또한 결코 서둘러도 안 되리라.

저마다 제가 있어야 할 자리에서

하루하루 착실하게

최선을 다하면,

날마다 새롭고 좋은 날 되리.

날마다 아름답고 기쁜 날 되리.

7 단원(檀園)과 매화

이런 진풍경
- 덕수궁 미술관에서

서울로 나들이 온
로댕의 〈생각하는 사람〉을 보러
장사진(長蛇陣)을 이루었네, 우리의 아름다운
플라스틱 청춘 남녀들이.

저게 생각하는 건가 보지?
온몸을 쭈그리고 턱에 오른손을 괴는 것이.
산다는 것이 무겁고 괴로웠던
시절의 이야기야, 역사의 유물이지.

옆에서 이런 대화를 엿듣다가
나는 그만 요란한 재채기를 터뜨렸다.
그러나 아무도 놀라지 않는구나.

그저 우아한 미소를 주고받을 뿐,
시대를 잘 만나서 모든 게 흡족한
우리의 신세대, 플라스틱 청춘 남녀들은.

마치 꿈처럼……

옛날 어떤 사람 말 타고 깊은 산중에 다다랐다.
길도 끊어진, 저만치 동굴 앞, 소나무 아래에선
흰 도포 입은 두 노인이 바둑을 두고 있다.
차 달이는 동자라도 있을 법한데, 보이지 않는다.

간신히 다가가서 인기척을 내었건만
소나무 위의 학이 한 마리 날아갔을 뿐
노인들은 거들떠보지도 않는구나. 지팡이 삼아
말채찍에 의지한 채, 지켜보는 한 판이 백 년일 줄야.

어느 결엔지 말채찍은, 보니, 썩어서 떨어졌고
놀라워라, 놀라워라. 타고 온 말은
해골로 화해 있다. 안장은 삭아 한줌 적토(赤土) 되고.

산길을 정신없이 걸어서, 걸어서 돌아와 보니
집은 옛 집이로되 아는 사람은 아무도 없었다.
그는 삽시간에 피골만 남더니 숨이 끊어졌다.

여우의 사랑

오백 년 묵은 여우 한 마리 미녀로 둔갑하다.
이리저리 전전(轉轉)하다 내 품에 안기더니,
귓속에 마약을 불어넣는구나, 더운 입김 함께.
「사랑해요, 사랑해요… 제발 저를 놓지 마세요」

그 달콤함에 나는 뼈까지 흐물흐물 녹았다네.
뜯기울 대로 뜯기었지만 아프지도 않았지.
간이라도 빼내어 먹으라고 허락할 판이었지.
하지만 가끔 속이 메슥메슥 구토를 느꼈다네.

어느 날 그녀는 쏜살처럼 오더니 나를 차버렸다.
담담한 표정으로. 오히려 자기가
구역질이 난다면서. 그동안 용케 참았다면서.

그녀가 사라지자 불현듯 여우 냄새가 났다.
아니나다를까, 낡은 지도처럼 구겨진 시트 위엔
짙은 황갈색 여우털이 한 움큼.

이런 개 팔자(八字)

어느 양지바른 옛 절터에서 떠돌이 약장사
웃도리 벗고 이 사냥 하는데, 지나가던 사나이
히죽거리며, 「혹시 방중환(房中丸)도 파시는지요?」
그는 자기 물건 작은 게 한이었다.

「…약한 건 강해지고, 가는 건 굵어지죠」
환약을 하나 먹었을 뿐이건만, 삼십 분 만에
갑절로 커진 사나이 물건, 그래도 불만이라
약장사가 비운 사이 몰래 두 알을 더 삼켰다.

살이 찢기우는 아픔이 일더니, 목은 줄어들어
꼽추가 되고, 물건은 더욱 팽창하기 시작했다.
마침 돌아온 약장사는 허겁지겁 약을 먹였건만,

사나이 물건은 끝내 허벅다리만큼은 돼버렸다.
엉금엉금 기다시피 돌아갈밖에. 그는 할 수 없이
매일 길바닥에서 잠이나 자며 사는 것이었다.

서울대공원 동물원에서

사자

늦가을 햇살 받고
사자 네 마리
저마다 옆으로 벌렁 누웠구나.
사지를 쭉 펴고,
기권한 듯이
눈 감아버렸구나.

하지만 그들은
속으로 뇌까린다.

「이건 말짱 거짓말야.
이걸 아프리카
초원 흉내라고 만들었단 말인가
인간들아, 인간들아.
우릴 여지없이 거세시켜놓고
〈백수의 왕〉이라니?
제발 그 따위로 웃기지는 말라구」

비단구렁이의 독백

왜
온몸을 또아리 모양
꼬리도 입도 없이
서리서리 감았는지
알기나 하오?
오오, 당신들
인간이 싫어서.
꼴도 보기 싫어서라오.

아무리 울긋불긋
호화찬란한 옷을 걸쳤기로
그 더러운 뱃속의 똥자루와
오줌통이 어디로 간단 말이오?
제발 가까이
다가서지 마시오.
그 쉬적지근한
인간 냄새라니, 정말 질색이오.

바다악어

큰 수조엔 물만 넘실대고
악어는 세 마리
저마다 기어나와
시멘트 바닥에 배를 깔고 묵상 중 —
아니 고행 중인 듯하다.
마치 박제된 악어인 양
물기라곤 추호도 없다.
미동도 않고 있다.

그 중 한 악어는
웬일로 입을 딱 벌리고 있는데,
언제까지나 다물 줄 모른다.
날카로운 치열 사이,
핏기 가신 혓바닥 위엔
비스켓, 눈깔사탕,
씹다 버린 껌,
비닐 과자봉지,
양담배 꽁초까지 버려져 있다.   *

나는 기가 막혀
망연자실의 상태였는데,
더욱
충격적인 일이 벌어졌다.

어떤 무식한, 말라빠진 촌 양반이
(나잇살깨나 먹었는데도 불구하고)
그 악어의 다물 줄 모르는
아가리가 미웠던지
빈 콜라 깡통을 집어들어
힘껏 내동댕이치는 게 아닌가.
악어의 면상에서
순간, 퍼석! 소리가 났다.
그러자 아가리는 반사적으로
다물린 듯하였으나,

악어는 여전히 입을 딱 벌린 채
미동도 않고 있는 것이었다.

순백의 겨울날

하늘 땅이 하이얗게 이어지고 있었다.
백설 하나로. 온갖 사물이
근원의 바탕으로 돌아가고 있었다.
눈에 젖지 않는 훈훈한 창 안에서
나는 문득 눈에 젖고 싶은 생각이 났다.
거리에 뛰쳐나가 눈을 맞아야지.

호암아트홀에서 〈미션〉을 보았다.
남국(南國)의 정글에서 일어나는 일들이라
백설은 없었지만, 하늘 땅을 이어놓는
순백의 폭포, 혹은 발칵 뒤집어 놓는 듯한
엄청난 폭포, 온갖 잔혹과 유혈의 비극마저
그 안에 휘말리면 순식간에 표백되데.

이어서 발걸음은 〈백자(白磁) 특별전시장〉으로.
진흙을 흰 달덩이로 바꾸어 놓다니!
우리 겨레는 창조와 정화(淨化)의 천재로다.
또한 색채의 마술사로다. 그러기에 백색
하나에서도 많은 빛깔을 볼 줄 알았으니,

설백(雪白)·유백(乳白)에서 월백(月白)·담청백(淡靑白)에 이르기까지.

저녁엔 흰 포도주를 마시면서
슈베르트의 〈겨울 나그네〉 전곡을 들었다.
스물세 곡이 결국엔 마지막 〈거리의 악사〉로
수렴이 되듯, 흔들리던 마음, 백설을 맞더니
종일 백색에 젖고 또 젖었더니,
순수무구한 본래의 마음으로 돌아와 있었다.

어떤 인상

어느 날
김규영(金奎榮) 선생님과 성찬경(成贊慶) 사형
그리고 내가 삼선교(三仙橋)를 지나다가
우연히 김익진(金益鎭) 옹을 만나 뵘.
옹은 만면에 웃음을 띠우면서
삼선교상봉삼선(三仙橋上逢三仙)이라고 말했음.
어린애처럼 티없이 기뻐했음.
그 뒤 많은 세월이 흘렀음.
옹이 이승을 하직한 지도 이미 오래임.
그런데 오늘
나로선 처음이자 마지막 대면이던
그 광경이 선명히 떠오름.
「동서(東西)의 피안(彼岸)」이란 명저의 명역자,
옹은 독실한 가톨릭이었건만
그때 내가 받은 인상을 말하자면
「삼국유사」 속에 은신해 있던
신라의 대덕, 대안(大安)스님이
홀연 그곳으로 비래(飛來)한 것 같았음.

오늘

꽃샘추위에도 아랑곳 않고
한복 차림의 두 가인(佳人)이 호일당(好日堂)에 오다
작설차 한 봉지와 흰 매화 일곱 송이
고운 옥색 한지에 싸 드시고.

서창(西窓) 가득히 펼쳐진 북한산……
「하지만 선생님 매화차를 드셔야
신선 되십니다. 그렇게 되면 산이 오히려
이쪽이 궁금하여 기웃거릴 거예요」

다향이 배인 백자 다기에
흰 매화 띄운 차를 마시니
이몸은 둥실 공중에 떠오르다.

두 가인(佳人)은 완연히 선녀……
섬섬옥수에선 다향이 풍기고
흰 옷고름에선 매향이 날리고.

진예의 멋

지아비는 지어미의, 지어미는 지아비의
더없는 지기(知己), 천생연분의 부부가 있었다.
둘 다 산수(山水)와 시화(詩畵)를 사랑했고
내세에도 길이길이 부부되길 빌었었다.

지어미가 요절하자 끝내 홀아비로
견뎠던 지아비,「부생육기(浮生六記)」한 권을 남겼거니,
그 저자 심복(沈復)의 지어미가 진예(陳藝)였다.
그녀는 재녀답게 곧잘 멋을 부렸다 한다.

연꽃이 밤에는 그 꽃잎을 오므렸다가
새벽엔 다시 활짝 연다는 사실을 알고서
그녀는 꾀를 냈다. 작은 비단 주머니에

찻잎을 집어넣고 화심(花心)에 넣어 둔다.
이튿날 아침 그것을 꺼내다가 석간수 끓인
물을 부으니, 아주 오묘한 향기가 날 수밖에.

녹차송

녹차를 마시면
피가 맑아지고 군살이 빠지고
눈빛이 흰 연꽃처럼
서느러워지느니……

먼 곳에서 벗이 찾아 오거든
목욕물 데워 피로를 풀게 하고
우선 한 잔의 녹차를 권하여라
그러면 그것이 더없는 대접이리

벗의 얼굴이 보름달인 양
환히 빛날 쯤엔
거문고 한가락 안 탈 수 없으리

좋은 차와 벗과 거문고와……
그 밖에 더 무엇을 바라리오
그저 안온하고 흡족할 따름이리

무심차(無心茶)

도 닦는 마음으로 집안을 청소하고
도 닦는 마음으로 온몸을 씻고
도 닦는 마음으로 단좌하여
도 닦는 마음으로 창 열고 산을 본다

무심차 한 잔에 무심이 된다
무심차 두 잔에 산과 나는 하나
무심차 석 잔에 나는 오들오들
양지에서도 떨고 섰는 산수유나무

아직 잎이라곤 하나도 피지 않은
알몸의 가지에 꽃만을 달고 있는
좁쌀알만한 꽃들이 모여 노랗게 흐느끼는

그 둘레의 공기는 녹아 투명도를 더해 주네
그 둘레의 공기는 녹아 따스함이 되고 있네
그 둘레의 공기는 녹아 새봄을 알려 주네

홀로 마시는……

홀로 마시는 차맛을 터득해야
과음 과식을 안 하게 된다

홀로 마시는 차맛을 터득해야
미풍과 이슬과 햇빛의 맛도 알게 된다

홀로 마시는 차맛을 터득해야
가을 물 같은 티없는 문장을 쓸 수 있게 된다

홀로 마시는 차맛을 터득해야
함부로 하는 말을 안 하게 된다

홀로 마시는 차맛을 터득해야
선(禪)과 시와 차가 다르지 않음을 알게 된다

홀로 마시는 차맛을 터득해야
노자오천언(老子五千言)을 음미할 수 있게 된다

홀로 마시는 차맛을 터득해야
본래청정심을 여의지 않게 된다

다신송(茶神頌)

사흘 밤 사흘 낮의 강설로 덮인
심산유곡의 적막을 아시는가.
적설의 무게로, 어쩌다가 우지끈
가지 부러지는 소리나 들릴 뿐.

물 소리, 바람 소리, 새 소리도 끊어졌다.
달력도 없는 하이얀 산방(山房),
노승은 이런 때 아직도 멀쩡한
수족이 고맙고, 화로가 고맙다.

솔잎의 백설을 가득 담은 주전자를
화로에 올려놓고 끓기를 기다린다.
정성껏 달여 홀로 마시는 차……

찻물이 노승의 창자를 적실 쯤엔
그의 마른 온몸에서 선향(禪香)이 풍기고
그는 어김없이 다신(茶神)이 되어 있다.

겨자씨만한 비행접시 타고

겨자씨만한 비행접시 타고
먼 외계에서 날아온 어린 왕자,
지구의 풍물은 너무도 거창하여
갈피를 못 잡는다. 재미가 없다.

겨자씨만한 비행접시에서
예쁘고 작은 태양을 꺼내다.
꽃씨도 꺼내어 땅에 뿌리다.
알몸으로 태양의 기운을 흡수하다.

「꽃 나와라, 꽃 피어라……」
하자 이내 흰 꽃 두 송이와
붉은 꽃 한 송이와 보랏빛 꽃 한 송이……

왕자는 가볍게 공중에 뜨더니
둥실둥실 춤을 추다. 꽃향과 햇살에
황홀한 알몸, 마침내 온통 투명해지다.

어떤 풍경

멍석에 널린
붉고 윤나는 고추를 바라보며,
늙은 홀아비 웅크리고 앉은 채
생각에 잠겨 있다.

곁의 감나무엔
감잎이 여섯 개,
그리고 겨우
붉은 감이 하나.

「쓸쓸해할 건 없소
이몸도 혼자라오」 중천에
떠 있는 붉은 해가 내뱉은 말.

「암, 맞는 말씀이죠」
하고 고추잠자리, 눈알을 굴리시만
해의 모습만은 잡히지 않네.

무제

등 굽은 노파가 시골길을 걷고 있다.
혼자서 터벅터벅 지팡일 짚고……
앞모습은 안 보이나 뒷모습은 분명하다.
뒷길은 대낮이나 앞길은 유암(幽暗)이다.

이젠 막내손자 얼굴도 사라지고
죽은 영감의 어서 오라는 소리도 안 들린다.
노파의 기억도 대부분 지워져서
진공(眞空) 직전이다. 이상하게 마음이 편안하다.

한 발짝, 두 발짝……이내 몇 걸음에
호흡이 멎으면, 노파의 몸은 흔적도 안 남으리.
유암(幽暗)으로 녹아들어 유암과 하나 되리.

그러면 그 순간에 유암은 사라지고
햇빛 쏟아지는 대낮의 밝음 속에
산자수명(山紫水明)의 풍경이 드러나리, 처음의 모습대로.

무자(無字) 원두막

- 금동원(琴東媛) 여사에게

뉴욕에서 그녀가 그리는 망향의 원두막은
모두 한결같이 무자(無字)를 닮았다.
열린 사방으로 바람이나 넘나드는
텅 빈 집이라야 마땅할 터이지만,

그 안엔 으레 사람이 들어 있다.
이미 없어진 사람이 되살아나,
또는 이윽고 없어질 사람이 무심히 앉아
그녀를 보고 있다. 말없는 해와 달,

이름 없는 야생초와 더불어 있는 집,
오늘날에도 태고적 그대로의 운치를 지닌,
가장 소박하고 정결한 집이로세.

그러기에 그 원두막 지붕 위엔
까치도 한두 마리 날아와 앉는다.
희소식을 전하려고, 외로운 그녀에게.

빈집에 홀로……

빈집에 홀로 피어 있을 난초꽃, 청초한 소심(素心)이여.
시인은 안타까워 부랴부랴 귀가하나, 한낱 기우였다.
우선 북한산 삼형제가 놀랍게도 서창에 다가와서
안을 유심히 들여다보고 있지 아니한가.

난초꽃 둘레의 공기는 황홀해서 넋을 잃고 있고,
바람도 없는데 천정의 풍경은 들릴 듯 말 듯
그윽한 소리를 내고 있다. 저만치 있는
철제 불두(佛頭)의 미소도 어딘가 여느 때와 다르다.

백자 접시 위의 천도(天桃) 서너 개
그 딱딱했던 과육(果肉)도 연하게 풀어져 있고,
하지만 그중 놀라웠던 것은,

「악마의 시달림을 받는 사나이」란 부제(副題)를 지닌
시인의 초상화, 그 고뇌에 차 있던 얼굴이
한 가닥 미소를 머금고 있는 표정으로 바뀐 일.

마치 새로운 신화의 시작인 양…

초겨울 아침, 쾌청의 해운대(海雲臺) 바다 맛이 좋아라.
저만치 태양까지, 바다 위엔 백금의 융단이 깔렸구나.
어떤 이는 열심히 젖은 모래로 누워 있는 나신(裸身)의
여신(女神)을 만들고, 옆엔 소녀가 웅크리고 앉았구나.

바다의 혓바닥이 새로 핥은 모래 위에
발자국 내면서, 연인들이 손잡고 걷고 있다.
한 손엔 풍선인 양, 연분홍 솜사탕을 들고 있다.
그때 느닷없이 갈고리 손을 내미는 문둥이,

백원짜리 동전 하나, 달라고 떼 쓴다.
하지만 이내 아주 희한한 광경을 만나다.
화려하고도 거대한 나비 날개(?)에 의지하여,

미끄러지듯 홀로 해상(海上)을 떠가는 사나이,
마치 새로운 신화의 시작인 양……
이 조용한 아침의 나라, 아침의 바다에서.

김룡사

공산군에 쫓겨, 내 나이 스무살 때
걸어서 문경(聞慶) 새재 고개 넘었거니.
오늘은 편안히 승용차에 몸을 싣고,
사십 년 만에 같은 고갤 넘는구나.

밤길을 물어물어 김룡사(金龍寺)에 다다르자
정신이 번쩍 든다. 코를 찌르는
소나무 냄새와 밤 하늘에서 주먹만한
보석들이 일제히 머리 위로 쏟아져 왔으므로.

아침에 보니, 병풍처럼 둘러쳐진
칠칠한 소나무들, 운달산(雲達山) 정기를 뿜고 있다.
떨어진 홍시를 한두 개 주워 먹다.

맑고 찬 시냇물 따라 나 있는 숲길,
얼마 안 가서 대성암(大成庵)이 나오누나,
전생(前生)에 한 철 살았을 법도 싶은.

희양산 봉암사

희양산(曦陽山)은 바로 거대한 봉황이
막 날아오르려는, 그 순간 영원히
바위가 된 모습. 무궁무진의 정기(精氣) 덩어리.
비상(飛翔)과 정지가 둘이 아닌 근원.

희양산 둘레의 하늘은 진짜 하늘,
늘 바르르 떨고 있는, 처음의 쪽빛 하늘.
희양산 계곡 물은 진짜 맑은 물,
송사리 떼마저 반투명에 가까워라.

그런 희양산의 봉암사(鳳巖寺)야말로 절 중의 절,
가장 엄격한 참선 수도 도량,
관광객들의 속진(俗塵)은 감히 근접도 못 하는.

극락전(極樂殿)에 꼭 한 번 참배한 인연일까.
지금 내 온몸엔 아직도 이낄이낄
피어오르나니, 아으, 희양산 정토(淨土)의 아지랑이.

신륵사운(神勒寺韻)

고금을 하나로 꿰뚫고 흐르는, 여주 남한강가
신륵사에는 나옹화상 입김이 도처에 서려 있다.
화상이 처음 이곳에 당도하여 꽂았다는 지팡이가
지금은 자라, 육백 년 묵은 거대한 은행나무.

조사당(祖師堂)에서 화상의 영정을 친견하고
이내 그분의 사리를 봉안한 석종(石鍾)부도와
석종비(石鍾碑)와 석등을 참배하다. 팔각 석등엔
면마다 비천(飛天)과 비룡(飛龍)이 살아 꿈틀거림이여.

화상의 혼령은 석종 부도 안에 있는 게 아니다.
청산에 깃들어서 — 말없이 살라 한다.
창공에 깃들어서 — 티없이 살라 한다.

— 탐욕도 벗어놓고 성냄도 벗어놓고
　물같이 바람같이 살다가 가라 한다.
캄캄절벽의 벽창호인 우리들, 후손에게.

단원(檀園)과 매화

내일 아침 끼니가 떨어졌다는
마누라의 푸념이, 남의 일인 양
아득하기만 하다.(한 그루 매화가
단원을 며칠째 사로잡고 있었기에……)

마침 어떤 그림이 삼천금에 팔리자
부랴부랴 이천에 매화를 사들이고,
남은 돈으론 이틀치 양식과
서너 말 술을 사서 매화음(梅花飮)을 차렸다.

고송유수관도인(古松流水館道人)이 먼저 왔다.
이윽고 긍재(兢齋)와 호생관(毫生館)이 들어왔다.
「거 참 기막힌 매화로세!」

술이 거나할수록 단원의 얼굴은
보름달인 양 환히 떠올랐다.
호생관이 말하기를,「단원이 바로 신선이군」

매화서옥운(梅花書屋韻)

이 운치 있는 서옥을 위해
뒤로는 바로 높고 가파른 산이 솟았고,
둘레엔 온통 매화나무 고목들이
만개한 꽃을 달고 꿈처럼 서 있구나.

멀리서 보면 흰 눈송이가
일대를 메우고 있는 것 같다.
서옥 안의 고사(高士)는 그 짙은 매향에 취해,
아무 것도 할 수가 없다.

지묵도 제쳐 놓고 책도 덮어 둔 채
탈혼(脫魂)의 상태에서 고사(高士)는 한 송이
매화가 된다. 맑고 찬 계류에 떨어진다.

그러자 이번엔 한 마리 작은 나비로 바뀌더니,
공중을 하늘하늘 멋대로 날다가
가장 아름다운 매화의 화심(花心)에 살짝 안긴다.

동심송(童心頌)

그대 까닭없이

허전하고 쓸쓸하고 따분해지거든

중광(重光) 스님의 동심상을 보게나.

고목의 공동(空洞) 같던 마음의 공허가

어느덧 메워진다.

굳었던 살이 노글노글 풀어진다.

더러워진 피에선

독이 걸러져서,

온 몸이 맑고 훈훈해진다.

생명의 고향에

돌아온 게 틀림없다.

어떠한 어른도

과거에 동심을 지니지 않았던 사람은 없기에,

어떠한 악한, 강도, 살인자도

처음부터 무쇠처럼 굳었던 건 아니기에,

희망은 있나니.

동심이란

인간 누구나의 마음의 본바탕,

(그래, 그걸 부처님 씨앗이라 해도 좋다)

인간을 참으로 인간이게 하는

고요, 부드러움, 무구(無垢)함이건만,

더없이 보배로운 가능성이건만,

어른이 되는 동안

대개는 그걸 다 잃고 마느니!

그래서 이렇게

허전하고 쓸쓸하고 따분해질 땐

중광의 동심상을 보는 게 약이 된다.

그러면 이내

「어린이가 어른의 아버지」[1]라는

말 뜻도 알게 되고,

「모든 영아(嬰兒)는 신이 아직 인간에

절망해 있지는 않다는 메시지를

가지고 태어난다」[2] — 이런 말이 얼마나

멋있는 말인가도 알게 되지.

정말 사람답게, 잘 살아야 되겠다는

새로운 각오도 일게 되고.

주 : 1) 영국시인 워즈워스의 말, 'The Child is father of the Man.'
    2) 인도시인 타골의 말, 'Every child comes with the message that God is not yet discouraged of man.'

□ 시의 이해를 위하여

본연의 삶

客 선생님의 이번 설악시편(雪嶽詩篇)을 읽어 보니, 자연에의 순수한 경도랄까, 산수미(山水美) 예찬이 두드러지더군요. 언제부터 그러한 지향을 지니게 되셨는지, 이 시편을 쓰게 된 경위와 아울러 말씀해 주셨으면 합니다.

主 제가 설악에 다녀온 것은 재작년 여름의 일입니다. 전국 도처에 집중폭우로 인한 홍수 사태에다 태풍까지 겹쳐서 엄청난 수해를 겪은 뒤였지요. 그 때문에 등산로와 다리가 아예 유실된 곳도 많아 다소 위험할 정도였지만, 쾌청의 날씨에다 계곡마다 물이 넘쳐, 여름 설악의 아름다움은 그 절정의 장관을 드러내고 있었습니다. 전에도 외설악엔 서너 번 다녀온 일이 있었지요. 하지만 백담사에서 대청봉을 넘어 비선대로 빠지는 2박3일 코스를 결행한 건 그때가 처음이었습니다. 마침 자청해서 안내를 하겠다는 청년이 나타나서, 그 꿈 같은 일의 실현을 본 것입니다. 설악을 다녀온 지 두 달쯤 지나서 이 시편이 씌어졌습니다.

자연에 특별히 관심을 갖게 된 게 언제부터라고 잘리 말할 수는 없겠지만, 굳이 말하자면 쌍문동으로 이사온 뒤부터, 그러니까 3, 4년 전부터 부쩍 그렇게 된 것이라 할 수 있겠지요. 저의 집 서창(西窓)으로는 북한산 산세가 그야말로 한눈에 들어옵니다. 스물네 시간 명산을 바라보며 산다고 해도 과언이 아닙니다. 또한 불과 10분이면 그 품 안의 숲 속으로 들어갈 수 있습니다. 오후엔 산책 삼아 능선을 타는 것이 저의 일과이기도 합니다. 저는 이곳에서 인생의 노년기를 누리게 된 걸 단순한 우연이라 생각지 않습니다. 저의 수호신이 인도해 준 것이라 믿고 있습니다. 늙어갈수록 할 일이 아주 많은 것 같아요.

客 지금까지 펴내신 11권의 시집을 볼 때, 시의 주제나 형태면에서 선생님은 지극히 다양한 시도를 해 오셨음을 알 수 있습니다. 4행시만을 모은 「4행시 134편」, 민요시만을 묶은 「서울의 하늘 아래」, 연애시만을 모은 「라일락 속의 연인들」, 그런가 하면 세계기행 시집 「아이오와에서 꿈에」, 사회시 또는 시사시(時事詩) 모음이라 할 수 있는 「시인아 너는 선지자 되라」, 그리고 지난 해엔 불교시집으로 「산화가」를 펴내셨으니까요. 서사시 「이효봉대종사송」 말고도, 두 편의 서로 성격이 다른 자전적 장시 「혼돈과 창조」와 「빛과 어둠의 사이」도 물론 꼽아야겠지요. 그런데 지금까지의 작품을 통틀어 살펴보더라도, 자연시가 아주 없었던 건 아니지만, 그것이 선생님의 근래의 경우처럼 어떤 핵심을 이룬 시기는 없었던 걸로 생각됩니다. 선생님은 역시 인사(人事)에 치중해온, 휴머니스트 시인이라고 판단되는 근거지요. 그리하여 어떤 이는 근래에 두드러진 선생님의 자연시 편

중에 대해 의아의 눈초리를 던지고 있습니다. 〈아무리 자연시라고 하더라도, 시에서 그렇듯 인사가 배제되면 남는 것은 박제된 자연이 되는 게 아닐까? 역사적, 사회적 현실 밖에서 초연해 보는 것도 좋을지 모르지만, 엄밀히 말해서 그건 시대착오적 현실도피라고 비난받아 마땅하다〉 가령 이렇게 보는 이가 있다면, 거기에 대해 어떻게 항변하시렵니까? 아까 말씀하신 환경의 변화, 그것 말고도 자연에 크게 관심을 갖게 된 어떤 다른 동기는 없었는지요?

主 저의 자연시에서 인사(人事)가 배제되어 있다고 보는 것은 매우 피상적인, 성급한 견해에 지나지 않습니다. 설사 인간이 전혀 등장하지 않는 자연시를 썼다해도, 그 작품의 작자는 인간이고, 시의 행간엔 작자인 인간의 호흡과 맥박이 생동하고 있을 게 아닙니까. 저의 자연관의 근본에는 天·地·人 三才 사상이 있습니다. 하늘과 땅과 사람은 서로 불가분의 상호보완적 친화관계를 유지해 왔습니다. 사람이 배제된 하늘과 땅은 무의미합니다. 마찬가지로 하늘·땅이 배제된 인간이란 존재할 수도 없는 것입니다. 三才는 서로 친화를 이루어야, 삼라만상이 조화와 균형 속에 본연의 모습(각자의 특성)을 드러내면서 번영할 수 있습니다.

하늘과 땅을 우리는 한마디로 자연이라고 말해 왔습니다. 그러나 천·지만이 자연은 아닙니다 사람도 실은 자연에 속해 있는, 자연의 일부임을 알아야 합니다. 그러기에 자연은 인간 밖에만 있는 것이 아닙니다. 인간 안에도 자연이 있습니다. 자연이 갖고 있는 온갖 물질적 요소는 또한 인간 안에도 있다는 말입니다. 쉽게 말해서, 地·水·火·風은 내 안에도 있습니다. 내가 추운 것은 내 안의 불이 부족한 탓입니다. 내가 목마른 것은 내 안의 물이 아쉬운 탓입니다. 내가 그 목마름을 해결하려면, 내 안에 잦아든 물과 밖에 있는 물이 만나야 합니다. 나의 타는 입술이 맑고 시원한 샘물에 닿는 순간 나는 다시 소생하게 됩니다. 삶의 축복을 받게 되는 것입니다. 인간과 자연의 뿌리는 같습니다. 인간 안의 자연과 밖에 있는 자연이 하나로 통했을 때, 인간의 자아는 우주적 자아로 확충될 수 있습니다. 삶의 뜻과 기쁨과 보람을 최대한으로 실현할 수 있습니다. 그러기에 인간은 자연을 보호해야 하며, 자연과의 밀접한 친화를 유지해 나가야 합니다. 자연에 대해 겸허한 자세와 존중하는 마음을 갖는 것이 도리일 것입니다. 나아가서는, 천지 자연에 구석구석 스며 있는 신령한 힘, 초자연의 섭리에 대해 외경의 마음을 품는 것이 만물의 영장인 인간으로서의 인간다움이 아닐까 합니다.

그런데 오늘날 인류의 실상은 어떻습니까? 〈자연의 도전을 인류는 극복했다. 그 증거가 유사 이래 인류가 쌓아 온 문명인 것이다. 지구 전체가 일일생활권을 형성하고 있는 장관을 보아라. 지구의 정복은 옛날 이야기고, 이젠 달마저 정복하였으니, 인류에겐 바야흐로 우주시대가 도래한 것이다〉하고 뽐내는 소리가 들립니다. 그러나 한편 지구촌 안엔 여전히 온갖 아귀다툼이 끊일 새 없이 일고 있습니다. 전세계가 핵전쟁의 종말적 위협 아래 있으면서, 국지적으로는 전쟁이 그치지 않고, 온갖 부조리, 폭력, 학살, 질병, 기아, 빈곤의 비참으로 얼룩져 있습니다. 과학기술의 발달은 과연 경이로운 것이지만, 거기에 상응하는 인간의 도덕성이 계발되지 못한 데에 그 원인이 있다고들 학자들은 말합니다.

기형적으로 지나치게 발달된 문명의 중압 속에서 인간은 위축되고 균형을 잃어, 비인간화의 증후를 나타내고 있는 게 사실이죠. 현대의 갖가지 가공할 만한 문명의 공해와 그것이 야기한 치명적 질병들을 떠올려 보십시오. 거기서 인간이 해방되어 건강을 되찾자면, 다시 인간 본연의 삶을 회복해야 될 줄로 압니다. 문명이란 인위적인 것, 인공적인 것의 정화(精華)이긴 합니다. 참으로 편리한 문명의 이기(利器)들. 그것 없이 인간은 살 수 없겠지요. 그러나 오직 인공적인 것, 문명에만 둘러싸여서는 인간은 조만간에 질식하게 마련이라는 것 또한 엄연한 사실일 것입니다. 현대인에게 자연 회복이 절실히 요청되는 까닭이 바로 거기에 있습니다. 문명의 이름 아래 이젠 더 이상 자연이 훼손되고 오염되는 일을 방치해선 안 됩니다. 자연 파괴란 다름아닌 인간 파괴라는 사실을 똑바로 인식해야 합니다. 문명과 자연은 적대관계에 있어야 할 까닭이 없는 거죠. 인간 본연의 삶이라는 것은 이 문명과 자연의 조화 속에 인간이 인간다운, 즉 天·地·人 三才의 하나다운 균형감각을 유지해가며, 슬기롭고 평화롭게 풍요한 삶을 누려가는 일이라고 생각합니다.

당대의 과제인 인간 회복은 우선 자연 회복을 통해 차츰 길이 열릴 것입니다. 바로 이런 관점이 제가 자연에 관심을 갖게 된 각별한 동기이기도 합니다. 자연에의 몰입이 시대착오적 현실도피로 간주된다면, 슬픈 일입니다. 오히려 그것은 시대의 문제에 적극 대결하는 비판적 선택이라 보아야 되겠지요. 어쨌거나 제게 자연의 신비는 아직도 많은 부분이 베일에 싸여 있습니다. 이제 겨우 눈뜨기 시작했을 뿐이니까…

客 요즘 시단엔 각종 유파와 경향과 주장이 있다고 보는데요, 거기에 대해선 어떻게 생각하십니까?

主 글쎄요, 저는 시류에 따르려는 생각은 추호도 없습니다. 일찍이 해 본 적도 없거니와 또 앞으로도 그러할 것입니다. 저는 지금까지 매우 다양하게 시를 써왔다는 생각은 하지만, 그것은 다 자신의 개인적인 내적 필연의 소치였다고 자부하고 있습니다. 만약 다양한 변모 속에서도 그것을 하나로 꿰뚫는 일관성(=작가의 자기동일성), 그것이 결여되어 있다면, 무슨 의미가 있는 것일까요? 요컨대 저는 언제 어디서나 자기추구에만 골몰해 왔습니다. 즉 詩作을 통한 자신의 실존과 자유의 극대화를 도모해 왔습니다. 자기가 하기 싫은, 또는 관심 밖의 일에 대해서는 가급적 타협을 거부해 왔습니다. 그런 완강한 고집에 따르는 온갖 불이익, 소외에 대해서는 얼마든지 초연할 수 있었어요. 유아독존의 오만불손으로 오해될 소지도 없지는 않겠지만, 〈최선의 비평가〉는 내 안에 있다는, 한 시인의 투철한 자각과 재능의 선용(善用)을 강화하기 위한 자위책으로 봐 주셔야 될 겁니다. 저는 앞으로도 자기가 간절히 쓰고만 싶다면, 어떠한 시든 가리지 않고 쓰게 될 줄 압니다.

진달래 정토길

이곳에서 서쪽으로 십만억 국토 지나야 극락이죠.
하지만 대뜸 갈 수 있는 지름길을 알았어요.
당신도 가려거든 먼저 심신을 탈락시키세요.
진달래 보면 진달래 되는 방법을 익히세요.

그 진달래 정토길엔 진달래가 무진무진
피어 있습니다. 꽃송이가 십만억 개는 됩니다.
꽃송이마다 하나씩 찬란한 국토가 들어 있죠.
송이송이 빛뿜는 분홍빛 국토의 이름은 황홀,

또는 고요, 자비, 평화, 청정, 부드러움……
어디선가 오색이 선연한 수꿩이 한 마리
날아 오기도 하고, 옴마니반메홈 진언이 들리는데,

오, 저만치 연꽃자리 위엔 꿈처럼 앉아 계신
아미타불이 미소를 흘리시죠. 진달래빛 방광(放光)으로
삼천대천세계를 밝히시죠. 환히 구석구석.

　6번 버스 종점에서 북한산으로 가는 포장도로를 걷다 보면

왼편에 의암 손병희 선생의 묘소가 나온다. 이어서 오른편에 냇물이 흐르고 다리가 보이는데, 그 다리 건너 나 있는 길을 한참 올라가면 약수터로 가는 길과 법화사로 가는 길이 나뉘는 곳에 이른다.

그곳에서 법화사에 이르는 길이 바로 〈진달래 정토길〉인 것이다.

재작년 봄 나는 처음 그 길을 알아냈다. 걸음을 옮길수록 그윽한 맛이 더하는 것이 마음에 들었다. 한 길이 넘는 진달래나무들이 도열한 사이로, 속된 비유지만, 나는 마치 사열에 임하는 장군이나 된 듯싶었다. 문득 어느 분의 말이 떠올랐다.「원래 진달래는 꺾이게 돼 있어요. 그래야 나무가 옆으로 실하게 퍼지는 법인데, 요즘은 워낙 교육이 잘 돼서 그런지 말예요. 안 꺾는 풍습이 정착되어, 나무가 자꾸 위로만 자라 키가 커졌지요…」

하지만 그런 키 큰 진달래나무들 덕분에 나는 지금 황홀한 사열(?)의 기쁨을 만끽하고 있는 게 아닌가. 더러 꽃빛깔이 유난히 붉다든가, 석양빛 받고 반투명이 된 얇은 꽃살결에 꽃술이 선명하게 그늘져 뵈는 등의, 각별히 아름다운 진달래 앞에서는 나는 한동안 발길을 멈춘다. 한 송이쯤 따고 싶은 유혹을 누른다. 앉기에 좋은 바위를 만나면 한참씩 쉬어 가기도 한다. 진달래 꽃빛깔로 물들어 오는 명상에 잠긴다.

그럭저럭 법화사에 거의 다 온 게 아닌가 싶었을 때, 홀연 공중에서 푸드덕 소리와 함께 저만치 스윽 내려앉는 것이 있다. 보니 수꿩이다. 오색 찬란한, 긴 꼬리의 의젓한 수꿩! 내가 두근거리는 가슴을 의식하는 순간, 그 수꿩은 어디로인가 날아가 버렸지만…… 나는 생각했다. 저렇게 아름다운, 찬란한 수꿩을 내가 지금 분명히 내 육안으로 확인할 수 있었다니. 현실이란 이래서 꿈보다도 더 기막히게 황홀할 수도 있는 것이로군. 아쉬운 것은 그 순간이 너무도 짧다는 것.

법화사는 고찰도 아닌데다 너무도 초라했다. 절이라기보다 허름한 집 한 채. 다만 좀 높다란 곳에 새로 지은 듯한 큰 법당(현대식 석조 건물)이 있기는 하다. 그러나 가장 시선을 끄는 것은, 단애를 이룬 큰 암면에 양각된 아미타불 좌상이다. 둘레엔 여러 작은 협시불도 새겨져 있다. 아미타불의 상호가 자비롭다. 그윽한 미소를 머금고 있다. 법화사의 구심점이, 아니, 나의 발길을 이곳까지 이끌어온 그 흡인력이, 바로 이 아미타불의 미소임을 깨닫겠다. 또한 옆에는 석실이 있는데, 맑은 석간수가 그득히 고여 있다.

귀로에 접어들며 나는 속으로 여러 번 점두했다. 그렇다, 이

길을 〈진달래 淨土길〉이라고 명명하자. 서방정토는 이곳에서 서방으로 십만억 국토를 거쳐야 있다지만, 나는 좀전에 아미타불을 친견하지 않았던가. 실은 이 진달래꽃, 한 송이 한 송이가 황홀하기 그지없는 국토인 것이다. …하면서 문득 뒤돌아 보니, 서천은 온통 아미타불의 진달래빛 방광(放光)으로 찬란하게 물들어 있었다.

난초와 나

빈집에 홀로…

빈집에 홀로 피어 있을 난초꽃, 청초한 소심(素心)이여.
시인은 안타까워 부랴부랴 귀가하나, 한낱 기우였다.
우선 북한산 삼형제가 놀랍게도 서창에 다가와서
안을 유심히 들여다보고 있지 아니한가.

난초꽃 둘레의 공기는 황홀해서 넋을 잃고 있고,
바람도 없는데 천정의 풍경은 들릴 듯 말 듯
그윽한 소리를 내고 있다. 저만치 있는
철제 불두(佛頭)의 미소도 어딘가 여느 때완 다르다.

백자 접시 위의 천도(天桃) 서너 개
그 딱딱했던 과육(果肉)도 연하게 풀어져 있고,
하지만 그중 놀라웠던 것은,

〈악마의 시달림을 받는 사나이〉란 부제(副題)를 지닌
시인의 초상화, 그 고뇌에 차 있던 얼굴이
한 가닥 미소를 머금고 있는 표정으로 바뀐 일. *

우이동에는 좋은 시인들이 많이 살고 있다. 난초 재배가로 소문이 난 홍해리(洪海里) 씨도 그 중의 한 분이다. 우이동(나의 경우는 쌍문동)으로 이사온 지 얼마 안 되어서, 나는 우연히 홍해리 씨와 자리를 함께 한 적이 있다. 이런저런 얘기 끝에 불쑥 내가 한다는 소리가,「홍 형은 난초 많이 가꾸신다고 소문이 났던데, 제게도 한두 뿌리 주실 수 없겠어요?」

그 뒤 어느 비 오는 일요일이었다. 우산을 받고 홍 형이 나의 거처를 찾아왔다. 비 맞을세라 비닐 봉지 안에 넣어서 들고 온 난초분을 꺼내었다. 천태소심(天台素心)과 한국 춘란 두 분이었다. 홍 형은 내게 난초를 가꿀 때의 주의사항 몇 가지와 아주 재미있는 일화 하나를 남겨놓곤 돌아갔다. 그 일화란 이런 내용이었던 것이다. 사업에 실패한 어느 사업가가 자살을 결심했다. 심야에 일어나서 거실 탁자 위의 난초를 무심히 바라본다는 것이, 그만 바라보고, 바라보고, 바라보다 아예 밤을 새우고 말았다. 아침에 그는 이미 자살의 망상과는 전혀 무관한 사람이 돼 있었다.

소심과 춘란 — 난초의 실물을 가까이 두고 노상 바라보게 된 것은 이때부터. 내가 그때까지 접했던 난초는 주로 시나 그림을 통해서였다. 지용의 난초 시나 가람의 난초 시조, 또는 추사의 〈부작란도(不作蘭圖)〉라든가 조희룡의 난초 그림 따위 말이다.

그러나 내가 직접 난초를 가꾸게 되리라는 생각은 아예 하지 않았는데, 우연한 기회의 말 몇 마디로 이런 뜻밖의 행복을 거머쥐게 된 것이 대견하다. 홍 형의 우정에 거듭 감사하여 마지 않는 바다.

난초를 가꾼 지 삼 년 만에, 드디어 어느 청명한 가을날, 나는 소심의 개화를 보았다. 한 꽃대에 꽃망울이 일곱 개라, 차례로 피고 질 때까지 한 열흘은 걸린 것 같다. 나는 그 동안 대단히 행복했다. 욕심 같아서는 노상 그 곁을 지키고 싶었으나, 사람이 하루 한두 번의 외출도 않고서야 살 수 있겠는가. 더구나 이 몸은 혼자 사는 몸. 일상잡사를 해결하기 위해서도 외출을 하지 않을 수 없다. ……나는 붐비는 4호선 지하철 열차 안에 몸을 싣고 있었다. 불현듯 난초가 몹시 궁금했다. 빈집에 홀로 피어 있을 난초꽃, 청초한 소심(素心)이.

이 시에 나오는 난초꽃 주변의 광경이나 거실 안의 소도구(?)들, — 그것들에 대한 설명은 생략하겠다. 그러나 단 한 번이라도 나의 거처에 와 본 이가 이 시를 읽는다면, 미소를 떠올리며 고개를 끄덕여 주리라 믿는다.

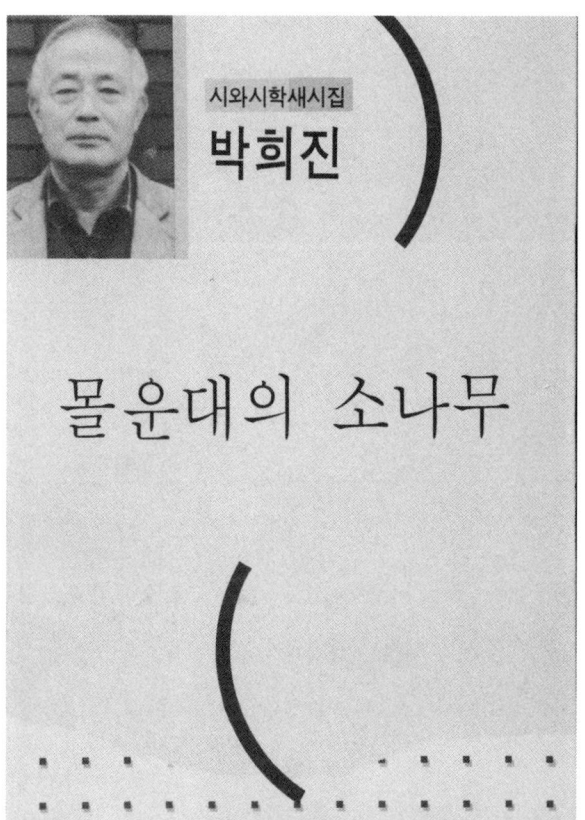

몰운대의 소나무 · 1995

자서

  시에 뜻을 둔 지는 50년, 등단한 지도 40년의 세월이 흘렀다. 그동안 낸 시집이 이번 것까지 쳐서 열다섯 권이 된다. 하지만 내겐 아직 네 권 분량의 미간시집이 남아있는 것이다.
  한창 젊은 나이도 아닌데, 왜 이렇듯 왕성하게 많은 시가 써지는 것일까? 그렇다고 나는 그걸 나 개인만의 능력의 소치라 여기지는 않는다. 그것은 마땅히 나를 지금까지 이 땅에 있게 한 모든 인연, 즉 중생의 공덕으로 돌려야 할 것이다.
  한때 나는 시를 쓰도록 저주 받았다고 생각했었지만, 이제 나는 진심으로 시를 쓰도록 축복 받았다고 생각하고 있다.

1995년 초겨울에 호일당에서

水然 朴喜璡

차 례

자서 / 213

1 십사행시

불로주 / 221

어느 늙은 거지의 죽음 / 222

어느 독신 시인의 회갑 / 223

오늘은 참으로…… / 224

죄와 벌 / 225

충격적 비보 / 226

성 라마크리슈나 / 227

어느 날의 방(方) 안드레아 신부 / 228

카비르와 제자들 / 229

성녀 기리 발라 / 230

테레즈 노이만 수녀와의 대화 / 231

왜 경건한 인도사람들은 / 232

히말라야 꽃 계곡 / 233

무제 / 234

선생님의 사진을 보면서 / 235

무릉계곡 학소대 / 236

독도를 바라보며 / 237

대전세계박람회 / 238

불암산 / 239

겨울의 십사행시 / 240

지리산 뱀사골 / 241

고구려 고분 벽화 / 242

2 몰운대의 소나무

오동도 / 245

사월 어느 날 / 249

체험 / 254

가을의 용추폭포 / 258

'너나우리' 모임의 발전을 축원하며 / 260

망양정 / 263

월송정 / 264

죽서루 / 265

겨울 태백산행 / 268

안면도의 소나무 / 277

강원도 청태산 잣나무 숲 속에서 / 281

대관령 휴양림 소나무들 / 284

오늘은 기쁜 날 / 288

도봉산 / 291

정선소금강 / 296

몰운대의 소나무 / 301

의림지의 소나무 / 307

법흥사와 소나무들 / 309

청간정 / 313

참나무에 대하여 / 315

화석정연음(花石亭連吟) / 324

백두산 체험 / 326

더 늦기 전에 각성하세 인간이여 / 328

3 마이산 시편

마이산 전설 / 339

마이산 별명 유래 / 341

마이산 탑사와 이갑룡 / 343

마이산 탑사 일화 / 358

어느 신선 이야기 / 360

귀신이 곡할 일 / 364

4 신년시 기타

1992년 새해를 맞이하여 / 373

어느 대학신문에 게재 안된 신년시 / 375

하루를 일년처럼 / 383

김좌진 장군 추모 / 385

김경한 선생을 기린다 / 388

국자(國字)의 노래 / 389

한글과 한자의 영원한 혼용을 위하여 / 390

해설

삼재 원융(三才 圓融)의 시 세계 · 장영우 / 413

* : 다음 쪽에서 연이 바뀜을 나타내는 표시

1 십사행시

불로주

어느 두메 절터에서 욕심 없는 사나이가
불로초를 두 뿌리나 발견하였나니,
그 순간 하늘 땅이 진동하였것다,
진시황도 못 얻은 불로초를 얻었으니.

진로(眞露) 가득 고인 유리 단지 안의
불로초 두 뿌리, 버섯인가, 화초인가?
혹은 깊은 바닷속 산호에 비유하랴?
그건 어느덧 불로주 될 수밖에.

그 욕심 없는 사나이 집에서
신비로운 호박빛 영액(靈液), 불로주 음미하며
불로초 두 뿌리를 눈여겨보는 재미.

오오, 축복된 희한한 인연이여!
안복(眼福)과 음복(飲福)을 지금 동시에 누리고 있구나.
바로 '지금'이 '영원'이로구나.

어느 늙은 거지의 죽음

집도 절도 없는, 그는 진짜 거지(居地)였다.
서울역 앞 광장, 붐비는 군중 속에
그가 홀로 태연한 것은, 한 자락 햇살의
더없는 고마움을 누리고 있기 때문.

마지막 남은 담배를 피워 물며
그는 잠시 기억을 더듬는다. 아득한 전생에도
그는 거지였었음을. 이렇게 땅바닥에
주저앉은 채 죽음을 기다리고 있었던 것을.

그의 모든 의식과 힘이 차츰 졸아들어
점으로 되더니, 약하게 고동하는
심장에 깃들더니, 순간 어디론가 빠져나간 듯.

버려진 껍질, 야윈 몸뚱이에 생기라곤 없었지만,
그의 때묻은 손가락 사이, 담배는 여전히
가는 연기를 하늘로 피워 올리고 있었다.

어느 독신 시인의 회갑

오오, 쾌청의 초겨울 날씨……
아침 일찍 목욕을 하고
그는 간소한 제상(祭床)을 차렸다.
촛불을 켜 놓고 향을 사르었다.

서창(西窓)의 북한산을 단군 성조 이래
면면이 이어온 조상이라 생각하고
큰절을 올렸다. 그러자 주르르
뜨거운 것이 두 뺨을 적셨다.

앞으로는 더욱 물샐틈없이 정진하라는,
신생(新生)의 신호인가. 그는 심신이 상쾌해졌다.
북한산은 침묵으로 이렇게 속삭였다.

「맞다네, 그대. 죽을 때까지 하나로 꿰뚫어야
그대의 생애는 마침내 영롱한 여의주 되리.
시의 여의주, 점이자 우주 되리」

오늘은 참으로……
― 서기원(徐基源) 형에게

캄캄한 새벽 세 시에 일어나
불 밝히고 잠시 좌선을 하다가
다시(茶詩)를 두 편이나 술술 썼습니다.
그리곤 다시 잠에 빠졌지요.

아침에 서창의 커튼을 젖혔더니
북한산은 설백(雪白) 일색이로군요.
문득 은은한 향기가 나기에
보니 탁자 위에 벙으러진 난꽃송이.

오늘은 참으로 축복된 날이에요.
그 고귀한 난꽃이 피느라고
나는 새벽부터 일어나 시를 썼고,

지금은 이렇듯 설아차(雪芽茶) 음미하며
회갑 선물로 난초를 보내준
벗의 미소를 떠올리고 있답니다.

죄와 벌

조선에서 인물이 못 나오게, 일제의 마수는
백두대간 묘하게 생긴 바위마다
쇠못을 박았다네. 쇠못을 박았다네.
지맥을 끊겠다고. 신기(神氣)를 막겠다고.

그것은 결국 벌받은 이민족의 만행이었다 치자.
요즘 이 나라의 덕유산 기슭
수백 년 묵은 느티나무 고목들이
일제히 말라 죽은 까닭은 무엇인가.

나무마다 밑동에 구멍을 두루 뚫어
그 속에 독즙을 주입한 탓이라니!
돈에 혼을 판 장사치의 짓이라니!

명심하라, 악한이여. 너 당장 벼락을
맞지 않았다고 무사할 줄 아는가,
죄에 벌은, 언제건 기필, 따르게 마련임을.

충격적 비보

등산객들 등쌀에 한라산 정상
백록담이 말랐다는 비보에 접하자,
나는 소리내어 울고 싶었으나
곧 나의 눈물도 말랐음을 깨달았다.

이건 참으로 예사 일이 아니로다.
온 국민이 사흘 밤 사흘 낮을
목욕재계하고 참회를 해야 해.
촛불을 켜 놓고 치성을 드려야 해.

요즘은 저 백두산 천지 주변에까지
쓰레기를 버리는 인간도 있다니
짐승만도 못한 인간말짜로세.

나는 지금 대낮이나 촛불을 켜 놓았다.
오오 맙소사, 인간이 이처럼 자연모독에
익숙해지고, 무감각해졌다니!

성 라마크리슈나

후두암으로 가랑잎처럼 말라가던
빈사의 라마크리슈나에게 어떤 학자 말하기를,
「요가에 통달한 사람은 의식을 환부(患部)에
집중함으로써 스스로 자기 병을 고칠 수 있다던데,

당신은 위대한 요기이십니다. 많은 사람들을
구제하기 위해, 부디 요가의 힘으로
당신 자신의 병을 몰아내시기 바랍니다」
성자는 가만히 듣고만 있었으나,

그의 끈질긴 간청에 못 이겨 웃으며 답하기를,
「그대는 뜻밖에도 시시한 분이구려.
나는 마음을 온통 신에게 바치고 말았다오.

이제와서 그걸 되돌려받아,
이 빈약한 그릇을 위해 쓰라는 건가요?
나는 부끄러워 그런 일은 못 하오」

주 : 라마크리슈나(1836~1886): 인도가 낳은 힌두교의 대각자.
　　요기: 범아일여(신인합일)에 이르고자 하는 수행법인 요가의 행자.

어느 날의 방 안드레아 신부

꿈 속에서 장가를 들었기에
너무 억울하여 울었다는 신부님,
그런 신부님께 우문(愚問)을 던졌것다.
「동정(童貞) 지키는 일 쉽지 않겠지요?」

「남녀가 서로 마음이 통해
더없이 사랑하며 함께 사는 일,
그것은 참으로 좋은 일입니다.
기막힌 음식에 비유할 만합니다.

하지만 고차원의 영성적(靈性的) 사랑,
하느님 사랑을 맛본 사람에겐
무미건조한 음식에 불과하죠」

하시는 신부님 표정을 살피니,
백발은 성성해도 순진하고 편안한 동안(童顔)일세.
늘 새록새록 샘솟는 신락에 취하심일까.

주: 방 안드레아 신부(1900~1986): 한국순교복자수도회 창설자.
신락(神樂): 카톨릭 용어로서 초성적인 기쁨을 뜻함.

카비르와 제자들

카비르는 16세기 인도의 성자였음.
그가 입적하자, 그를 추종하던 힌두교도들과
이슬람교도들 간에 분쟁이 생겼음.
스승은 벌떡, 죽음의 자리에서 일어나 앉았음.

「시체의 절반은 매장하라
이슬람교도의 의식을 따라서
나머지는 화장을 하려므나
힌두교도의 의식을 좇아서」

하자 성자는 꿈처럼 사라졌음.
놀란 제자들이 시체를 덮은 백포(白布)를 벗겼더니
시체는 간데없고 꽃들만이 향기를 뿜고 있었음.

꽃들의 절반은 힌두교도들이 화장을 하였고,
나머지 절반은 이슬람교도들이 매장을 하였음.
꽃들은 부활함. 꽃들은 불멸임. 카비르의 혼처럼.

성녀 기리 발라

오십육 년 이상이나 아무것도 안 먹고
물도 안 마시고 살아온 여자 요기,
성녀 기리 발라, 위대한 영혼.
세속의 집착을 완전히 여읜

인간의 얼굴은 이렇듯 순진하고
겸허하고 자애로운 평화로 빛나는가.
오랜 숙망(宿望)의 대면이 성취되자
파라마한사 요가난다는 꿰뚫어 보았나니.

「당신은 공기와 햇빛이라는 더 좋은 에너지,
숨골을 통해서 당신의 몸을 재충전시키는
우주 에너지로부터 영양을 공급받죠」

오, 신이 주시는 내면의 양식,
영원의 빛으로 사는 법도 있다는 걸
일깨워주고 있는 성녀 기리 발라.

테레즈 노이만 수녀와의 대화

당신은 전혀 아무것도 먹지 않습니까?
예, 매일 아침 여섯 시의 영성체 말고는요.
성체는 얼마나 큽니까?
종이처럼 얇고 크기는 작은 동전만하지요.

12년 동안 그것만 먹고 사신 건 아니겠죠?
저는 하느님의 빛으로 삽니다.
그녀의 대답은 간명하였지만, 더없이 진실했다.
그녀의 피부는 곱고, 부드럽고, 눈빛은 깊었다.

또한 매주 금요일이면
그녀의 다섯 상처는 벌어져서 선혈이 흐르고,
그녀는 예수의 고통을 경험한다.

어느 측근자는 이렇게 말하였다.
더러 우리와 함께 여행을 하실 때도
수녀님은 항상 장미꽃처럼 신선하답니다.

주: 1935년 7월 인도가 낳은 금세기 최고의 요가 수행자 파라마한사 요가난다(1893~1952)는 테레즈 노이만 수녀와 만났다.

왜 경건한 인도 사람들은

왜 경건한 인도 사람들은
성자를 만났을 때 엎드려 절하며,
손으로 그의 발을 만지는지
까닭을 아는가?

사람들은 서로 얼굴을 보며
인사하게 돼 있지만,
성자의 얼굴은 신에게 가 있기에
보이는 발에나마 경배하는 것이라네.

보이는 발에나마 경배하는 것이라네.
이마를 조아리고 경배하는 것이라네.
정성을 다해 축복을 받으려고.

이미 상반신은 신에게 가 있는 사람의 발이라도
만진다는 것은, 보이는 것을 통해
보이지 않는 것을 사랑하는 법이라네.

히말라야 꽃 계곡

히말라야의 꽃 계곡에 가 봤는가?
그곳에선 불과 몇 시간 안에
몸에서 서서히 기운이 빠지고
마음이 한없이 누그러진다.

기억도 이성도 마비되고 말아
같이 간 친구의 이름도 잊는다.
서로의 몸뚱이가 있다고만 느껴질 뿐,
말은 공허한 소리의 메아리……

마치 무중력 상태 속을 노니는 듯,
마치 물아일여(物我一如)의 삼매경에라도
든 듯하나, 그것은 착각.

꽃에서 발산되는 향기가 너무 강해
취하고 마는 거라. 기가 너무 승해
괴로운 사람은, 그곳을 다녀 오게.

무제

광옥과 문길은 둘도 없는 친구 사이,
광옥은 거문고 잘 타기로 소문났고
문길은 거문고 소리를 좋아해서
타는 이의 안 보이는 속마음까지 환히 읽었다.

광옥이 높은 산을 생각하고 거문고 타면,
「거 참 기막히다, 산이 하늘을 찌르는도다」
광옥이 깊은 바다를 생각하고 거문고 타면,
「갈매기는 잘도 노네, 바다는 깊건만」

하며 문길은 옆에서 찬탄했다.
그런 문길이 어느 날 슬그머니
이승을 하직했다. 광옥을 남겨두고.

문길이 없는 거문고 소리가 무슨 소용이랴.
광옥은 결연히 거문고 부수고
줄을 끊은 뒤 다시는 거문고 타지 않았다.

선생님의 사진을 보면서

가지와 푸른 잎이 산처럼 울창한
느티나무 고목 아래
태암(苔巖) 선생님이 앉아 계시네요.
만면에 웃음을 머금으신 채.

올해 선생님은 칠십사 세신데
칠십사 세에 작고한 공자보다 훨씬 젊으시네.
늙어도 늙지 않는, 처음의 젊음을
여전히 지니셨네.

두발은 많이 빠졌어도
흰 터럭은 한 올도 보이지 않음이여.
높고 넓은 이마엔 예지가

히말라야의 백설처럼 빛남이여.
오오 선생님, 부디 이 땅에서 장수를 누리소서.
느티나무 고목이 해마다 신록을 과시하듯.

무릉계곡 학소대

학소대(鶴巢臺)에 가봤더니 학은 안 보이고
경사진 암반 위에 옥수(玉水)가 콸콸
굉음을 내며, 순백의 비단 폭포를 이루었네.
그 암반의 넓고, 높고, 우람한 맛이라니!

물에 씻긴 암반은 흰 살(肉)빛이고,
그 꼭대기는 하늘에 닿았으니,
옥수는 분명 하늘나라에서 쏟아져 내림일세.
수호신장처럼 이웃한 절벽에는 울울한 소나무들.

그때사 문득 떠오르는 한 생각,
필시 옛날에는 저 소나무에 학이 내려와서
집을 짓고 노닐지 않았을까?

학이여, 날아오라. 다시 이곳으로 두 날개 펴고.
지금 이 폭포의 구슬알 같은 비말(飛沫)에 젖으며
말을 잃고 섰는 노시인의 곁으로 말일세.

독도를 바라보며

꼭 십 년 전, 경비행기 타고
독도 상공을 나는 서너 차례 선회한 적 있었거니.
어느 신문사 독도 특집에 시를 쓰기 위해.
하지만 그 시는 실리지 않았다.

반일 감정이 너무 세다는 게 거부의 이유.
지난 시대의, 알다가도 모를 일들의 하나.
그런데 오늘은 이 나라 최대의 구축함 타고
새벽의 독도를 서서히 한바퀴 돌고 있다.

혹시 세 번째 이곳에 올 땐 상륙이 가능할까?
보는 위치 따라 독도는 둘도 되고, 셋도 되고,
하나로도 되는구나. 참으로 멋있는 섬……

저것 봐, 저기, 서도와 동도 사이
진홍(眞紅)의 해가 이글이글 솟는구나.
금은(金銀)의 소리로 대한민국 만세를 외치고 있구나.

대전세계박람회

환상적인 엑스포 다리 건너, 저만치 수려한
한빛탑이 드러나자 실감나는구나, 이 땅의 경제발전.
세계를 한곳에 모을 수도 있을 만큼
미래를 한눈에 볼 수도 있을 만큼 국력이 자랐구나.

사람은 없는데 저절로 건반이 재빨리 눌러져서
소리나는 피아노. 사람보다 잘생긴 정교한 로봇이
움직이고 말도 하는구나. 범세계적인
기계화·자동화의 물결 속에서도

내게 특이한 감명을 준 곳은 오히려 아프리카
공동관이라네. 전통 악기와 의상과 수공예품……
아직도 자연과 유리되지 않은 인간의 아름다움.

인간은 다시 자연으로 돌아가야, 물론 알몸으로
돌아갈 수는 없고, 문명이라는 옷은 걸치되
다시 자연에의 외경과 더불어 친화를 도모해야.

불암산

더는 올라갈 수도 내려갈 수도 없는
험준한 바위 벼랑 와송(臥松)에 걸터앉아
파아란 하늘을 우러러 보니, 푸르름 헤치고
천도(天桃)나무 한 가지가 스윽 코 앞으로

다가오는 것이었다. 잽싸게 가지에
매달리자마자 이 몸은 홀연 불암산 정상에.
거기서 바라뵈는 경관의 장엄함.
수락·도봉·북한(北漢)의 산세가 그리는

절묘한 굴곡선이 열두 폭 병풍인 양
바로 이 불암을 둘러싸고 있구나.
이곳이 이 나라의, 아니 세계의, 우주의 중심.

그러자 불암은 크나큰 연꽃자리로 바뀌고,
본래청정(本來淸淨)을 되찾은 이몸이
빛뿜고 있다 해서 이상할 게 있으랴.

겨울의 십사행시

오늘은 겨울의 나목 숲 전체가
드물게 주어진 하늘의 푸르름을
안 보이는 땅속의 뿌리에까지
끌어내리려고 안간힘 쓰고 있네.

이런 때 숲 속에 도인이 있다면
저절로 신명나서
학춤을 추거나
옴마니반메훔 진언(眞言)을 외우리.

이런 때 시인이면 두 팔을 펴 올리고
오 솔레 미오 불러
햇님 걸음을 멈추게 할 것이리.

오늘은 겨울의 하늘과 땅이
나목 숲을 매체로
천지일기(天地一氣)를 증명해 보이고 있네.

지리산 뱀사골

속세에 닿은 골짜기는 너무 헤벌어져서
진짜가 아님. 사람 때가 묻어 있음.
지리산 제일 비경, 뱀사골 또한
안으로 깊이 들어가고 들어가야

차츰 자연의 진수를 드러냄.
옮기는 걸음마다 새롭게 펼쳐지는
절경이 이어짐. 기암괴석 사이
흐르는 급류. 금시 용이 솟구쳐 나올 듯

깊고 푸른 소(沼). 맑은 물에 발 담근 활엽수들.
온통 이끼로 뒤덮인 층층바위,
그 위로 쏟아지는 백옥의 폭포……

이런 산수와 더불어 살고 싶어
신선을 꿈꾸었던 옛사람의 마음 알 만함.
자연과 인간은 둘이 아닌 것을.

고구려 고분 벽화

용을 타고 공중을 나는 일신(日神),
좌우로 힘있게, 활짝 펼쳐진
날개옷 밖으로 드러난 두 팔로는
머리에 이듯 해를 받쳐 들고.

용을 타고 공중을 나는 월신(月神),
좌우로 힘있게, 활짝 펼쳐진
날개옷 밖으로 드러난 두 팔로는
머리에 이듯 달을 받쳐 들고.

앞으로 달리는 소머리 농신(農神),
오른손에는 벼이삭이 들려 있네.
비옥한 땅의 풍요를 내다보네.

꽃구름처럼 아름답게 나부끼는
옷자락 펄럭이며 춤추는 화신(火神),
오른손에는 불꽃이 담겨 있네.

2 몰운대의 소나무

오동도

오동도는 보통 섬이 아님.
소나무와 동백나무 그리고 대나무의
상록으로 덮여 있음.
특히 동백나무, 수백 년 묵은 동백나무 거목들이
꽃피는 삼사월엔
섬 전체가 낭만과 환상에
휩싸이게 됨.

동백꽃은 시들어야 떨어지는 꽃이 아님.
만개의 순간이 지는 순간임.
떨어져도 한참은 꽃잎이 싱싱함.
처음 그대로의 정염을 뿜음.
붉은 꽃잎 속의 황금빛 꽃술,
너무도 선연하고 너무도 아름다움.
질펀한 땅에 수많은 동백꽃이
점점이 떨어져서 찬란한 피바다를
이루고 있는 것이, 마치 그 옛날
싸움터에서 산화한 화랑들의
주검을 연상케 함.   *

무심코 그중 싱싱한 몇 송이를
손안에 주워 담음.
나는 행복해짐.
꽃송이 밑에 입술을 대면
단맛이 입 속으로 스며들어옴.

왕대숲에 들어가서
반가부좌하는 맛도 좋음.
사운대는 댓잎 사이
엷은 햇살 받고 명상에 잠기면
황홀히 우짖는 새 소리 들림.
심신이 더없이 차분히 가라앉음.
이래서 죽림칠현(竹林七賢)도 있었던가……
문득 산책로의 웃고 지껄이는 행인과 내가
동시대인이 아닌 것같이 느낌.

※

나는 오동도에 두 번 노닐었음.

서울서 여수까지 기차로 여섯 시간,
여장을 풀자마자
이내 오동도로 달려간 첫날엔
봄비가 부슬부슬 내리고 있었거니.
비에 젖는 암록의 동백잎 사이사이
등불을 켠 듯, 붉은 동백꽃은
가슴 저리게 인상적이었음.

그런데 하루 걸러
두 번째 날은 쾌청의 날씨라
우화등선(羽化登仙)할 뻔했음.
해맑고 따스한 햇살이 스며
절반쯤 투명해진, 선홍의 꽃잎들은
벽공에 박혀 바르르 가늘게 떨고 있었고,
진초록 동백잎엔 치일칠
윤(潤)이 흐르고 있었음.

오동도 가서
난생 처음으로 오동도 가서,

빗속의 동백꽃과

햇살 속의 동백꽃을

두루두루 실컷 보고 즐겼으니,

그때를 떠올리면 나는 지금도 가슴이 설렘.

사월 어느 날

남한강과 북한강이
만나서 하나의 영원으로 흐르는 곳,
양수리 어딘가에
무릉도원 있다기에
나 수연(水然) 거사 자혜원(慈惠願) 보살과
봉고차에 몸을 싣고
서울을 떠났것다.
도중에 제일
시선을 끌었던 건
배꽃의 바다였다.
고호의 과수원?
(그가 배꽃을 그렸던가 몰라)
양수리 역전 저잣거리를
빠지는가 싶더니만,
이내 시야가 달라지는 것이
정신이 번쩍 든다.
삼차원에서
사차원 속으로 뛰어든 모양.
미끄러지듯

달리는 비단길 양켠에는

맑고 잔잔한 거울의 호수가

길게 이어지네.

그런 호수에

풍덩 한번 빠졌다가 나온다면,

얼굴의 주름살들, 시름의 찌꺼기가

말끔히 지워지고 마는 게 아닐까.

아마 열 번쯤 빠졌다가 나온다면

투명인간이 되는 게 아닐까.

투명한 공기가

만물에 두루 속속들이 침윤(浸潤)하듯,

그렇게 되면 이몸은, 예컨대

자혜원 보살 귓속으로 들어가서

배꼽으로 나올 수도,

또는 연꽃 속 보석으로 들어가서

보랏빛 법열에 취했다가 나올 수도

있는 게 아닐까.

보니, 누가 길가에서

손을 흔드누나.

마중 나온 한국화가, 죽전(竹田) 스님이네.

그는 불혹을 바라보는 나이건만,

여전히 여린 죽순 같은 수줍음을

잃지 않고 있다.

그리고 그의 스승 한죽(韓竹) 화백은

숨어서 사는 이라

몸에서 고사리 냄새가 나지만,

어쩐지 내겐

그 두 사람이

현대판 한산(寒山)·습득(拾得)으로 비치었다.

그들이 사는 집

일대가 바로 무릉도원이었던 것.

우선 문 앞의 복사나무 한 그루,

극락을 이룬, 만개한 복사꽃이

보는 이의 심신을 복사빛 황홀로

물들이고 만다.

벽에는 주렁주렁

마른 덩굴째 조롱박이 걸려 있고,

익살스레 걸려 있고,

갈대꽃도 한 다발 먼지를 쓰고 있다.
뒤뜰로 들어서니,
봄은 더욱 무르익어 흐드러져 있구나야.
앵두꽃도 볼 만하고
라일락도 한창인데,
뜰 한가운데 우물가 탁자에서
벌어진 점심 식사.
오이, 풋고추, 상추, 쑥갓 따윌
고추장 된장에 찍어 먹는 맛이라니.
더구나 두릅을
찍어 먹는 맛이라니.
미상불 두릅은 사월의 불로초.
두릅을 먹어야 장수할 게 아니냐는
내 말에 모두 미소를 머금더라.
(나는 그때 처음으로
두릅이 밭에서 따는 게 아니라
나무에 자란 싹임을 알았다네)
마침 주변엔
흔한 게 두릅나무,

그래서 나도 한두 개 따 봤지.
식후에 우리는 동산을 거닐었다.
큰 나무 가지에 맨,
그네가 아니라 동아줄에 매달려서,
타잔이나 탈 법한 동아줄에 매달려서
축지법도 써 보았다.
이윽고 다시 탁자에 돌아온
우리는 한동안 얘기꽃을 피웠것다.
물론 이런 때
따르게 마련인 게 녹차 아니겠나.
그 녹차 잔 속에
복사꽃을 한두 개씩
띄워서 마셨더니,
모두 얼굴이 복스럽고 사랑스런
복사빛으로 물드는 것이었다.
문득 어디선가
뻐꾹새 소리도 들리는 것이었다.

체험

비는 멎었지만 하늘은 흐린 채,
인수·백운·만경 삼형제가
그 수려한 자태를 드러냈소.
그것도 아른아른, 실구름들 사이로.
그 견고무비(堅固無比)의 거대한 바위봉에
드문드문 부드러운 실구름의 애교라니.
골짜기마다 안개는 소리없이
피어 오르고 있었고……
그때 나는 이만치 호일당(好日堂)에서
서창을 통해,
그런 광경을 바라보고 있었다오.
아, 이건 산수화다,
살아서 움직이는 기막힌 수묵화다,
하고 나는 속으로 부르짖고 있었다오.
하나, 이내 진짜로 놀라운 일,
내 눈을 의심하지 않을 수 없는
일이 일어났소.
아마 그것은 도선사 근방의
골짜기 상공이 아니었던가 하오.

그 자욱한 안개구름 속을

뚫고 나타난 건,

한 마리 크나큰 물고기였소.

길이 3미터, 폭 50센티쯤의

흰 물고기, 윤곽이 선명했소.

반투명의, 물 좋은 동체 속엔

희고 가는 뼈마디도 드러나 보였고,

은빛 비늘과 하늘하늘 움직이는

지느러미도 확인할 수 있었다오.

(혹시 인공의 물고기가 아닌가

싶기도 하였지만

그러기엔 너무도 유연한 자태였소

다만 나의 생각 때문인지

무게는 그리 느껴지지 않았소만)

그런 물고기가

공중을 서너 번 원을 그리며

참으로 유유히, 홀가분하게,

선회하곤 사라졌소.   *

(나타나라, 나타나라.
한 번 더 나타나라!)
그러자 다시 물고기가 나타났소.
그 생동하는
은빛 몸매를 유유히 드러내며,
다시 공중을, 홀가분하게
헤엄치는 것이었소.
원을 그리며, 서너 번이나
부유(浮遊)하는 것이었소.
그리곤 사라졌소.
그 후 다시는 나타나지 않는구려.

이래 그 물고기, 공중의 물고기는
나의 심심찮은 화두가 되었다오.

그 물고기의 정체는 무엇일까?
어쩌면 그것은 하늘로 솟구치는,
등용(登龍) 직전의 거대한 잉어 같은
북한산 인수봉의 정령이었을까?

또는 사사무애(事事無碍)란

이러한 것이라는,

대자유 앞에서는

차원의 한계도 사라지고 만다는

암시였을까?

가을의 용추폭포

청옥산(靑玉山) 맑은 물은 흐르고 흘러,
무릉계곡으로 빠지기 전에,
용추폭포(龍湫瀑布)의 비경을 이루나니.

속인들은 이곳을 엿볼 수 없게
사방이 깎아지른 암벽으로
둘러쳐져 있네.

그 거뭇거뭇한 암벽 틈서리엔
낙락장송들이 묘기를 부리누나.
'우리야 엿보아도 괜찮고말고'

선녀들의 세 번 목욕을 위한
절묘한 삼단 폭포,
하단에선 중·상단이 보이지 않음이여.

폭포치고는 굉음이 안 들린다.
오히려 그윽하게 느껴질 정도이다.
시간을 여읜 선경(仙境)인 까닭이리. *

참으로 오묘할손 상단 폭포로세.
소나무도 그곳만은 엿볼 수 없을 만큼
폭 패인 옥 항아리 속과도 같구나야.

또는 신비의 자궁 속과도 같은,
그곳에 고인 물로 마지막 목욕을
하고 난 선녀는 마침내 온통 투명해지리.

하여 승천은
그 순간에 거뜬히 이루어지리.
이것이 용추폭포를 통한 선녀의 승천 의식.

천하의 비경 용추폭포를
육안으로 본 사람은 축복된 사람일세.
보았다는 말조차 하기가 싫을 게야.

'너나우리' 모임의 발전을 축원하며

강원도 삼척시엔
언제부터인가
때묻지 않은 선남선녀들이
'너나우리' 모임을 이끌어 왔음.

남이야 알든 말든
착한 일 하는 모임.
그러면 기뻐서 눈물난다는 모임.
청소년의 문화적 계도에 힘씀.

그 '너나우리' 의 초청을 받고
나는 흔쾌히 그곳으로 날아갔음.
신민요 작곡가 변규백(卞圭百)씨와
한학자 오세용(吳世用) 선생과 함께.

삼백 명의 청소년
머루알 같은 눈동자 앞에서의
두 시간 시 낭독이 오히려 아쉬워서
나의 신바람은 꺼질 줄 몰랐지만,　　　　＊

변규백 씨의 마무리 솜씨 또한
일품이었음. 그의 구수한 익살과 노래.
단소, 소금(小琴) 가락에 휘말려서
청중들은 한껏 흥겨워하였으니.

이어서 환영 겸 자축 파티가
신나게 벌어졌음. 경월 소주에
신선한 생선회가 뱃속에 들어가니,
'너나우리'는 한 꺼풀 벗기 시작.

춤과 노래와 웃음꽃이 만발했음.
특히 여인들은 노래를 잘 불렀음.
그것도 굽이굽이 사랑의 사연 담긴
기나긴 노래를, 힘도 안 들이고.

끼 많은 남자들은 몸을 흔들며
목청을 돋우는 노래를 불렀지만,
이상하게 조금도 역겹지 않았음.
오히려 이쁘고 귀엽게 보였음.   *

개성 따라, 성품 따라
적극파와 소극파의 차이는 있었지만,
그들을 하나로 꿰뚫고 있는 것은
선(善)에의 순수 열망, 무구한 향토애.

하기사 삼척땅이 예사 고장인가.
뒤로는 태백·두타·청옥의 명산에다
무릉계곡의 옥수가 흐르고,
앞으로는 망망대해, 동해 푸른 바다.

나는 속으로 축원하고 축원했음.
천·지·인 일기(一氣)의 조화를 과시하는
삼척의 꽃으로, '너나우리' 모임이
길이 아름답게 이어져 가기를.

망양정

경상북도 울진군 근남면 삼포리,
소나무 빽빽한 바닷가 동산 위에
망양정(望洋亭) 서 있다네. 아으, 이몸이 갈매기라면
훨훨 바다로, 하늘로 날 터인데.
정자 안의 현판을 살피니
정철(鄭澈)의 율시를 해정(海庭)이 썼고 철재(鐵齋)가 새겼구나.
行盡關東一千里 望洋亭上獨來登
지금 뇌리엔 마지막 두 구만 떠오르네.

월송정

경상북도 울진군 평해면 월송리,
솔밭 지나 나타나는 정자라서 월송정(越松亭)인가.
다시 솔밭 건너 망망 창파(滄波) 위엔
갈매기떼 노니는데, 동천(東天)엔 낮달이,
서천(西天)엔 석양이, 정자 안엔 백발 노시인과
두 선녀가 포즈를 취하네요.
보이지 않는 손길의 카메라가 그들 앞에 놓였기에
지금, 이 시간 속의 영원을 찍으려는.

죽서루(竹西樓)

재련(在蓮) 선녀와 삼척의 명승지,
관동제일루, 죽서루에 가 보다.
오십천(五十川) 물이 오염된 것과
그 건너 서쪽 벌에 들어선 공장들,
그런 살풍경이 마음에 걸리지만,
죽서루 둘레의 천하 괴석만은
달라진 게 없으렷다,
정철(鄭澈)이 노래했던 시절의 그것하고.
〈天下怪石〉이란, 호해정(湖海亭)에 걸려 있는
완당(阮堂)의 글씨.
삼척에는 참으로 괴석이 많은지고!
삼척 해금강의 칼바위, 촛대바위,
종바위 등의 기암을 비롯해서
이 죽서루의 괴석 등을 아울러
완당은 〈天下怪石〉이라
일필휘지하였으리.
죽서루 난간에 잠시 기대어
오십천을 굽어보다
우리는 아예 다리를 건너가서

오십천 기슭 모랫벌에 앉았나니,
거기서 바라보는
죽서루 모습이 오히려 제격이다.
짙푸른 강물에 드리운 그림자도
운치 있거니와,
아슬아슬 절벽 위
고목에 기대어, 혹은 괴석 틈서리에
둘씩 셋씩 앉아 있는 청춘 남녀.
「보세요, 저 사람들.
꼭 이수일과 심순애 같아요」
재련 선녀는 이런 내 말에
웃고만 있구나. 그래 나는 이어서
한다는 소리가, 한 술 더 떠서
「인생은 잠깐예요,
눈 깜빡할 사이지요.
노세노세 젊어 노세
늙어지면 못 노나니,
하는 말이 맞다구요」
우리는 어느덧 자리를 떠서

다시 다리 위를
어슬렁어슬렁 걷고 있었다.

겨울 태백산행

서른 번이나 태백산엘 올랐다는
수진(守眞) 선녀 앞세우고,
오늘은 드디어
눈 덮인 태백산 오름길에 들어섰네.
이번이 두 번째란 재련 선녀는
예순세 살의 나보다도 힘드는지
쉬엄쉬엄 뒤따라 오르고 있다.
어쨌거나 희한한 선인연(善因緣) 아닌가.
나 혼자라면
꿈도 못 꾸었을 태백산행이
현실화 되었으니.
두 선녀의 안내를 받으며.

유일사까지 힘들게 올랐으나
찬 약수 한 사발을 마셨더니,
몸 안의 열기가 일시에 가시더라.
다시 목도리에 털모자 눌러 쓰고
둘레를 살펴본다.
대웅전도 한겨울엔 휴업이 되는지,

꽉 닫은 미닫이를
아예 비닐로 밀봉해 버렸구나.
배후엔 바로 드높이 솟은
암봉의 괴석이며 밀생한 소나무들,
설화의 숲을 이룬 것이 장관일세.

유일사를 뒤에 두고
다시 큰 등산로에 들어서니
오르내리는 등산객들로
설산은 울긋불긋
시끌벅적하구나야.
그런데 그 뒤론 암봉을 못 보았다.
아하, 이곳은 토산(土山)이라더니
미상불 그렇군.
이젠 어지간히 왔겠지 싶어
잠시 쉬려는데,
눈앞에 길을 막고
벌렁 자빠진 고목이 보인다.
두 다릴 벌린 채

누워 있는 여인의 누드 같다면서
익살을 떠는 사람,
큰 소리로 사진을 찍으라며
포즈를 취하는 사람들이 밉지 않다.
마냥 신나고 즐거워 보인다.
하지만 진짜 희한한 광경은
그 뒤 잇따라 이어져 있었다.

나로선 그야말로
생전 처음 보는 놀라운 나무,
주목, 주목이
도처에 나타나
기기묘묘한 자태를 보이누나.

잘 자란 주목은
적갈색 껍질에 지름은 2미터쯤
높이는 20미터가 넘는데,
상록의 침엽들은
온통 설화로 뒤덮여 있다.   *

줄기가 두 갈래로 갈라진 주목.
가지가 이리 비틀 저리 비틀 기울어서
기묘한 갑골문자를 이룬 주목.
벼락을 맞은 듯 해골만 남은 주목.
속이 텅 빈 주목도 있다.
(그렇다 하더라도, 주변의 설경과
절묘한 조화를 이루지 못한 주목은 없구나)
너무 잘생겨서,
너무 기막힌 운치를 자아내서
아, 아, 탄성을 지르게 되거나,
태고의 신비 서린 상징과도 같아
입을 딱 벌린 채,
넋을 잃게 되는 주목도 있다.
신의 조화인가, 백설의 마술인가?
한마디로 환상적! 너무도 환상적!
이렇듯 신비와 현실이 하나 되어
사람을 탈혼(脫魂)의 경지로 몰아가는
풍광은 두 번째다. (나로선 그렇다)
저 백두산 천지 체험에 이어서 말이다. *

어느덧 우리는 정상에 다다른 듯.
주목군은 이제 자취를 감추었고,
대신 나타난 게 철쭉 관목 사태.
오월엔 이곳에서 철쭉제가 열린다나.
그 타오르는 진홍의 바다 보러
이곳에 다시 올 생각은 없느냐고
두 선녀는 은근히 종용한다.
하지만 지금
이 설화의 바다는 어쩌고!
철쭉나무마다, 가지의 가지마다
백설은 온통 설화로 피어,
또 더러는 빙화(氷華)를 자랑하며
선경(仙境)을 이루었네. 하늘과 땅 사이를
설백 한빛의 신운(神韻)으로 메꾸었네.
순수 무구한 고요와 화기(和氣),
평화와 신성(神聖)의 가락을 들려주네.

운무에 가려,
멀리 네 겹 다섯 겹 굽이굽이 펼쳐지는

산세를 못 보여 드리는 것이
유감이노라는 재련 선녀의 말.
하지만 나는 오늘
주목과 설화를 본 것만으로도
큰 행복이노라고 응수하다.

이윽고 우리는
정상 중의 정상
또 하나 다른 겨레의 지성소(至聖所).
한배검이 모셔진
천제단(天祭壇)을 참배하다.
떠나기 아쉬워
거듭 그 앞에서 사진을 찍다.

※

갑자기 시장기와
심한 추위가 우리를 엄습했다.
하산(下山)길에 들어서자

이내
단종 비각을 볼 수 있었으며,
저만치 망경사(望境寺)가 시야에 들어왔다.

망경사 대웅전
돌층계 옆에서 먹었던 점심.
벌벌 떨면서 먹었던 점심.
나는 그것도 잊을 수 없다.
장갑을 벗으니, 금시 빨개지며
마비되는 듯한 얼얼한 손으로
서둘러 김밥을 입 안에 쳐넣었지.
이어서 뜨거운 라면 국물 마시니
그제서야 차가운 뱃속이 녹더구나.
주머니 안의 꽝꽝 얼어붙은 쵸코바가 생각나서
버너 불에 들이대어 보았으나,
그래도 여전히 딱딱해 못 먹겠데.

망경사에서 반재를 거쳐
당골 광장에 이르기까지

눈에 덮인 내리막 하산길은
두 선녀의 몫.
그들은 아예 동녀(童女)로 돌아가서
희희낙락 득의(得意)의 묘법을 썼거니.
축지법보다도 훨씬 빠른 방법.
다름아닌 썰매 타기(?)
실은 썰매 대신
비닐 포대를 눈바닥에 깔고
그 위에 눌러앉아
내리막길을 미끄럼 타는 일.
그들은 그 일을 싫증도 안 내고
여러 번 거듭했다.

덕분에 우리는 빨리 하산한 편.
그래도 시계는 하오 다섯 시.
귀로엔 덕구온천엘 들러
피로를 풀었더니
심신이 날아갈 듯 기뻐워지는구니.
온천장 문을 열고 나오는데,

하마터면 이마로
둥근 명월(明月)을 받을 뻔하였다.
하기사 어제가 대보름이었으니.
삼척 갈 때까지
명월은 내내 우리 차를 뒤따랐다.
맹방(孟芳) 해수욕장, 그 7킬로
기나긴 해안선이 한눈에 들어오는
지점에 다다르자
드디어 우리는 차에서 내려
잠시 밤바람과
달빛 받고 찬란한 비늘 돋친
밤바다를 즐기었다.

안면도의 소나무

1
몸은 다소 구부정하더라도
균형과 조화를 잃지 않는 것이
소나무의 격이요 멋인 줄 알았는데……

안면도(安眠島)의 소나무는 다르다.
허리가 꼿꼿하다.
죽
죽 뻗어 있다.
백년을 일순에 꿰뚫은 소나무들,
수만 그루 소나무가
모여서 하늘을 받들고 있다.

2
가장 좋은 소나무 유전자가
가장 좋은 흙 물 바람 햇빛을 만나면,
이렇게 거침없이
죽
죽 뻗는 걸까.

3

소나무들은
속으로 기도를 드리고 있다.
「보이지 않는 창공의 하느님,
저희들은 각별히 선택된 까닭에
더없는 복락을 누리고 있나이다.
이제 저희들은 정성껏 힘 모아
아름답고 정결한 융단을 짰나이다.
하느님, 그렇게 아득한 높이에만
계시지 마시고
더러는 지상으로 가까이 오소서.
이 융단 위에서 휴식을 취하소서」

그러면
하느님은 응답하시나니.
가장 맑은 순금의 햇살과
가장 무구한 태고의 바람 한 자락을 보내시어
소나무들이 우줄우줄 춤추게,
소나무들이 저마다 악기 되어

한가락 타게, 일제히 타게.

　4
이런 때
솔숲을 찾게 된 사람은 축복된 사람.
누구나 절반쯤은
저절로 도인 된다.
온몸의 무수한 땀구멍마다
길이 나기 때문.
솔솔 바람이 통하기 때문.
하늘에선 신기(神氣) 받고
땅에선 영기(靈氣) 받아
그는 비로소 순인간(純人間)으로 되돌아가기 때문.
바로 자신도 자연의 일부이자
우주의 한 핵심임을 깨닫게 되기 때문.

그는 귀가 하나쯤 더 생겨서
하늘·땅이 상통하는 소리를 듣게 된다.
송운(松韻)과 하나 된 하느님 숨 소리를 듣게 된다.

소나무들이 내는 거문고 소리를 듣게 된다.
그는 눈이 하나쯤 더 생겨서
소나무들이 엮어 짠 융단 위에
별들이 수놓은 하느님 옷자락
펄럭이는 것을 똑똑히 보게 된다.

강원도 청태산 잣나무 숲 속에서

일천만 인구가 바글바글 끓고 있는
대도시 서울,
온갖 쓰레기, 온갖 공해로
귀먹고, 눈 아프고, 목 칼칼, 가슴 답답,
콧구멍 막히는 서울을 벗어나서,
우리 일행은
강원도 횡성군 둔내면 삽교리
청태산 자연휴양림을 찾아갔다.
우선 맑은 공기를 숨쉬려고,
새 소리, 바람 소리, 물 소리 들으려고,
숲의 아름다움, 나무의 고마움을
느끼고 배우려고.

야외 강의장에서의
젊고 진지한 수풀 박사들
열강은 재미있고
매우 유익한 것이기는 하였지만,

나는 어느덧 슬그머니 빠져나와

홀로 어슬렁
근처 잣나무 숲으로 들어갔다.
좀전에 들은
전영우 박사 말에 의하면
한 속(束)에 침엽이 다섯 개씩 들어 있어,
오엽송이라 일컫기도 한다는
바로 그 잣나무 숲으로 들어갔다.
아니, 불가사의한 자력(磁力)에 이끌리듯
끌려 들어갔다.

바닥엔 떨어진
해묵은 잣잎이 수북이 쌓여,
갈색의 정결한 융단을 이루었다.
구두를 벗고 양말도 벗고
반가부좌하니,
절로 잡념이 가셔지는 것이었다.
여름 한낮인데 그곳은 시원했다.
그 칠칠한 잣잎들 사이로
비껴드는 햇살은 따갑지 않고,

어느덧 뚫린 콧속으론 싱그러운
잣나무 향기가, 그리고 온몸의
땀구멍으론 숲의 정기가
속속들이 스며들어, 감로처럼 스며들어
심신이 더없이 쇄락해졌다.

나의 머릿속은
가을의 벽공(碧空)인 양
그저 텅 비워져 있었건만,
그동안 어쩌면 도솔천(兜率天)의 높이로
가 있었던 모양이다.
문득 자신으로 돌아와 보니,
한 시간이 지났구나.
내가 한 시간의 좌선을 해내다니!
집에선 고작 십 분 정도나
견디던 내가!

강원도 청태산 잣나무 숲 속에서
나는 내 좌선의 기록을 경신했다.

대관령 휴양림 소나무들

대관령 휴양림 임간학교에 당도하자
일행은 모두 탄성을 지르다.
역시 이곳에 오기를 잘 했구나.
병풍처럼 둘러선 청산엔 소나무떼.
십장생도나 일월곤륜도 등
민화에나 나올 법한 우람한 적송들,
소나무 중의 소나무인 금강송들
허리 꼿꼿이, 죽죽 솟아 있다.
그 푸른 기상과 자태가 장관이다.

「소나무와 우리 문화」
이런 주제로, 이박 삼일 간의 마라톤 대토론회,
세 끼 식사 빼놓고는
아침부터 밤까지
그 열기가 하늘을 찌르다.
미상불 미증유의 소나무 축제.
겨레의 얼과 문화의 맥을
아울러 짚어보는 일대성사(一大盛事)라.
나는 기원하다. 속으로 기원하다.

전국에서 운집한 교수, 학자, 시인,
농민, 도목수, 연구원들의
열성에 힘입어서
아무쪼록 병든 솔숲은 살아나길,
솔잎혹파리 등 병충해는 사라지고,
이곳의 정정한 정통의 소나무들,
금강송들이 방방곡곡에 퍼져 나가기를.

이튿날엔 종일 비가 시름시름 내리다.
나는 'KOREA TODAY' 임종한(林鍾漢) 주간과
살짝 뒷산으로 산책을 나가다.
안개 자욱한 솔숲 속을 걷노라니,
차츰 환상과 신비의 분위기로.
가까이 접하는 우람한 금강송들,
그 비에 씻긴, 붉은 살갗이
유난히 정기를 뿜는 듯싶어,
나는 일일이
그 굵은 줄기를 조심스레 애무하다.
이런 큰 소나무엔 필시 신령이

깃들어 있으리. 그러자 수백 그루
소나무들이, 문득 내 눈엔
이 땅의 영광을 증거하는
수호신장(守護神將)들로 비치는 것이다.

마지막 날의 주제 발표자 중 한 사람인
이훈종 선생은 팔순을 바라보는
고령이건만, 그의 정정함이
금강송 못지않다. 무궁무진한 익살과 해학,
능숙한 화술로 좌중의 웃음꽃을 독차지한다.
그 활력의 비결을 물었더니,
하루에 솔잎즙을 세 숟갈씩
백일간 공양 받은 덕이라 한다.
그것도 내리 두 해,
늙은 아내의 헌신적 정성으로.
나는 정색하여
그분에게 부러운 시선을 던지다.

하긴 그 어려운

솔잎즙 신세까지 질 수는 없더라도
하루 세 번쯤, 잘생긴 소나무를
바라보며 산다면야 필시 장수하리.
소나무의 호흡 조절, 그 자기 관리의
지혜를 배워서 생활화한다면.

오늘은 기쁜 날

캘리포니아
백산(白山)의 산허리를 돌고 돌아,
해발 3000미터의 고산지대
그것도 사막처럼 척박한 땅에
지구상 최고(最古)의 생명체 만나러,
단군 이래의 반만 년을 증언해 줄
유일한 생존자,
4700년 묵은 소나무 친견하러,
그 몸통은 화석처럼 변했어도
여전히 살아 있는 신비를 확인하러
단군의 후예, 한국의 산림학자
전영우 박사는
그의 세 식구와 걷고 또 걸었단다.
눈이 시리도록 하늘은 쪽빛이나
태양은 화마(火魔) 같은
불볕 더위 속을
비지땀 흘리는 고행을 감내하며.
(10년째 별러 온 일이 아니던가)   *

드디어 그 소나무 대했을 때,
그들의 입에서는
어떤 모음이 솟구쳐 나왔을까.
그들의 눈에서는
어떤 눈물이 흘러 나왔을까.

전영우 박사는
순간 몸이 오싹오싹해지더니,
「뭣하러 이렇게 멀리까지 왔소」
하는 소나무의 속삭임이 들렸단다.
그러자 10년 묵은 체증이 뚫린 듯
온 심신이 쇄락해지더란다.
깊은 안도감과 새로운 힘이 용솟음치더란다.

1994년 8월 19일
오늘은 기쁜 날.
미국에서 전영우 박사가

그 소나무 사진을 보내온 날.

나는 설레며 그 소나무 사진을 본다.
돋보기 안경을 쓰고 유심히 본다.
게다가 큰 확대경을 대고 본다.
보고 또 보고 계속 보고 있다.

그 소나무의 왕성한 생명력,
강인한 기가 지금 내게도
곧바로 스미는 듯,「그래, 우리는
한통속이야, 오래오래 살아가세」

도봉산

선인봉(仙人峰)은 말하기를
도봉산 하면 떠오르게 마련인 게
나의 웅대하고 수려한 자태이지.
한 덩어리 바위로
이만한 높이와 기상을 갖춘
압도적 위용의 암봉이 있다면
저 북한산의 인수봉 정도일까.
더구나 내 이름은 선인봉 아닌가.
까마득하게 하늘로 치솟는
탈속의 준수함이 있어야 마땅하지.

선인봉 앞세우고
숨은 실력자, 만장봉(萬丈峰)은 점잖게
고개를 끄덕인다.
그래, 맞다 맞다 네 말이 맞다.
자타가 공인하는
너는 도봉의 대표이고
심벌이고말고.   *

주봉인 자운봉(紫雲峰)은
이렇게 말하고 있는 것 같다.
가장 높다는 게 나쁜 건 아냐.
자색의 구름 말고
내게 가까이 올 자가 있겠는가.
북한산 백운대엔 백운(白雲)이 어울리듯
나의 고고(孤高)엔
자운(紫雲)의 목도리가 썩 잘 어울리지.
저기 신선봉(神仙峰)도 늘 내가 좀
부러운 모양이야.

사람들은 신선봉을 좋아한다.
모두 그의 정상으로 엉금엉금 올라가선
신선이 된 듯
호연지기를 토하는 것이다.
'저 자운봉에 도전을 못하는 게
유감이긴 하나
진짜 신선되면 날아가 볼 거라구.
그런데 이것 봐.

어쩌면 이곳의 소나무들은
이렇듯 낏낏하고 칠칠할 수가 있담'
하는 그들의 표정 또한 싱싱하다.
젊은이는 더욱 씩씩해지고
늙은이는 더욱 늙은이다운
유유자적의 품위가 느껴진다.

신선봉에서
서쪽으로 내려가면
주봉(柱峰)이 있다.
능선에 뿌리박은, 거대한 네모의
바위 기둥 같아서 생긴 이름인데,
수유리나 쌍문동 평지에서 보면
발딱 일어선 팔뚝만한 것이
꼭 도봉의 남근 같다네.
가까이 가 보면
그 우람하게 치솟은 모습,
함부로 거기에 도전했다가는
떨어져 직사하리.   *

주봉에서 서쪽으로 능선 따라 오르면
나타나는 봉우리들,
그게 바로 감투봉.
가까이에선 그렇게 못 느끼나
이것도 수유리나 쌍문동 평지에서
바라볼 때엔
옛날 벼슬한 선비가 썼을 법한
감투처럼 보이기에 생긴 이름일세.

산세는 이어서
오봉(五峰)쪽으로 흘러가는 한 줄기와
남쪽으로 흘러가는 다른 한 줄기로
나뉘지만,
남쪽 능선 따라 가고 또 가면
제일은행 마크 같은
우이암(牛耳岩) 거쳐
우이동으로 하산하게 되지.

참 오봉은 재미있는 암봉들.

한 덩어리씩의 거대한 암봉들이

1, 2, 3, 4, 5

키 순서로 놓였는데

큰 덩어린 몸집이고

그 위에 놓인

작은 덩어리는 두부(頭部)임이 확실해

의좋은 오형제산이라고도

부를 만하다.

정선 소금강

화암종유굴(畵岩鍾乳窟)에서 눈요기하고,
철분 섞인 탄산수, 찌릿한 사이다 맛의
화암약수로 내장을 씻어내고,
수진 선녀 운전하는
르망에 몸 싣다.
바야흐로 소금강 구경 시작일세.

맑은 계류 끼고
굽이굽이 오밀조밀
양쪽에 펼쳐지는
절벽의 병풍바위.
때마침 무르익은 단풍 철이라
울긋불긋 홍록으로
또는 황록으로
수놓인 기암괴석.
아하, 이래서
화암리(畵岩里)라는 이름이 생겼겠군.

아쉬움이 있다면

이런 선경(仙境)을
차 안에서 그냥 깜빡깜빡하는 사이
스쳐가고 만다는 것.
지금 저 단풍 든 나무들이
빼곡이 들어찬
가을 산 속 오솔길을
걷는다면 어떨까.
칡덩굴 아래
큰 구렁이가 몸을 감고 있더라도
오히려 반가운 느낌이 들지 몰라.
무르익은 머루나 다래라도 만나서
따 먹게 되면
진정 우리는 기쁨에 떨게 되리.
잠시나마 잃어버린 유년(幼年)의
시간을 다시 찾게 되리.

몰운대(沒雲臺) 근방에서
우리는 하차하다.
숲 속 오솔길을

걷는 맛이 새삼 좋구나.

꼭대기에 이르러
탁 트인 전방을 바라보니
멀리, 가까이
낙타 등 모양의 산봉우리들이
그 예쁜 모습을 드러낸다.
어루만져 주고 싶다.
하지만 방심 말라.
여기는 바로 아찔한 낭떠러지
위라는 것을.
한번 잘못 디디다간
천 길 절벽 아래 맑은 냇물에다
부정(不淨)한 피를 흘리게 된다는 걸.
벽담(碧潭) 속 물고기가
기절하게 된다는 걸.

몰운대 절경의 핵심을 이룬 것은
절벽 바로 위의

3백 년 묵은 한 그루 노송.

암벽 뚫고 깊숙이

뿌리를 내렸기에

구부정한 밑동이나,

가지들을 절반쯤

절벽 아래 기울인 채

아슬아슬 절묘한 균형을 잡고 있다.

노송을 중심으로

주변의 풍광은

늘 극적인 역학을 이룬다.

보라, 저 하늘의 구름들은

이 노송의 마력에 이끌리어

몰운대로 몰려와선

노송을 한껏 부드럽게 감싸다가,

이내 기울은 가지의 지시 따라

절벽 아래 벽담(碧潭)으로

함몰히고 미는 것을.

노송은 바위 되고 바위는 노송 되고……

구름은 청류(淸流) 되고 청류는 구름 되고……
서로 무심히 하나 되어 노는구나.
그것이 바로 시간 속에 살면서도
시간을 여의는, 맑은 인연의 길.
하지만 인간만은
취약하고도 무상하기 짝이 없어,
명경지수의 마음을 유지 못해
오래오래 선경과
하나 될 수 없음이여.
산천초목의 자연은 처음부터
있는 그대로 도통(道通)해 있는 것을.

이윽고 우리는 귀로에 들어서다.
달리는 차 안에서
한동안 묵묵히 말도 잊고……

몰운대의 소나무

1

몰운대(沒雲臺) 꼭대기의 한 그루 소나무는
천 길 낭떠러지, 거암에 깊숙이
뿌리를 내려 지기(地氣)를 빨아 올리고 있다.
아울러 그의 무수한 솔잎으론
하늘의 푸르름, 천기(天氣)를 받아들여
마침내 어느 날 온몸이 기 덩어리,
머리끝부터 뿌리의 뿌리까지
우주의 에너지가 충일된 용으로
탈바꿈하길 꿈꾸고 있다.
그 눈부신 승천의 날을.

이미 그의 몸통은 용틀임되어 있고
껍질은 용의 비늘을 닮았지만,
소나무가 진짜 용이 되려면
3천 년은 더 걸릴 듯 싶다.
하지만 그에겐
시간이 전혀 문제 되지 않는다.
스스로의 나이테를 잊어버린 뒤부터는

시간을 완전히 벗어난 까닭.
저 뜨는 해 지는 해가 그러하듯,
밀물 썰물이, 사계절이 그러하듯.

   2
생명의 근원,
흙·물·불·바람은 그의 외부에만
있는 게 아니라,
내부에도 있다.
태양이 화마(火魔) 되어
불볕 더위가 만물을 억압하면,
고사(枯死) 직전에 이르게 하면
몰운대의 소나무,
그의 내부의 잦아진 물은
외부의 물과 만나기 위해
온갖 신술(神術)을 부리게 된다.
혼신의 기를 모아 용쓰는 것이다.
천 길 낭떠러지, 거암의 발치 아래
그 속 모를 벽담(碧潭)의 마지막 한 방울까지

뿌리로 빨아 올리기도 하고,
먹구름 모여들어 천둥 번개 치게
그 백금의 바늘 끝 같은
솔잎들을 곤두세워 하늘을 찌른다.
보이지 않는 은하수에게까지
긴급 신호를 보내는 것이다.

그러면 이윽고
순식간에 모여든 먹구름 뚫고
요란한 천둥 번개.
번개야말로 천룡(天龍)의 현신(顯身)이다.
주룩주룩 빗줄기가
차츰 세차게 내리면 내릴수록
몰운대의 소나무는
미친 듯 춤을 춘다.
그의 내부의 잦아진 물이
외부의 물과 만나서 하나 되는
해갈의 기쁨, 소생의 기쁨으로
온몸이 구석구석 유연해진 소나무는

신축자재로운 무애춤 춘다.

  3
청명한 날의 소나무는 하늘의 악기,
하늘의 기운, 바람이 타는 악기,
그것도 가장 좋은 하늘의 기운,
은하수에서 불어오는 바람이
즐겨 타는 악기.

그 신묘한 가락이 퍼지면,
찬상천하에 구석구석 울리면
해와 달 별들은 제자리 춤을 추고,
숲 속에선 사슴이 달려온다.
바다에선 거북이 고개를 내밀고.

학이 날아와 소나무에 앉더니
이내 신들렸는지 학춤을 춘다.
바위에선 저절로 불로초 돋고
대나무도 삽시간에 한치쯤 자란다.

이제 소나무는 우주의 중심이다.

　4
비록 아찔한 절벽 꼭대기에
홀로 아슬아슬
곡예를 부리듯 서 있긴 하나
몰운대의 소나무는
외롭지 않다.
삼라만상이 그와 더불어
숨쉬는 까닭이다.

해 · 구름 · 바위 · 물
학 · 사슴 · 거북
대나무 · 불로초······
그 어느 것인들 그의 벗 아니랴만
그중 제일 가까운 벗은
구름일밖에 없다.

구름은 용이 되고 싶은 소나무의

마음을 알고 있다.
온 우주의 협력이 있더라도,
자신의 헌신적 신종(信從)이 결여되면
그것이 불가능한 꿈이란 것도.

자고로 구름 없는 용이 있었던가.
부드러움 없는 강인이 있었던가.
몰운대의 소나무는 그것을 알기에
늘 구름과 가까이 지낸다.
늘 구름을 열심히 길들인다.
늘 구름의 묘용(妙用)을 배운다.

  5
더러 몰운대에
안개 구름 유동할 때,
그 틈서리로 언뜻언뜻 승천하는
용을 보았다는 사람이 있다.

의림지의 소나무

제천 북쪽의 의림지(義林池)에 가 보다.
삼국시대부터 있어 왔다는
가장 오래된 인공 저수지.

물고기가 많아서 낚시꾼들이
즐겨 찾는단다. 특히 빙어는
명물이라지만, 나와는 무관한 것.

지금 나를 온통
사로잡고 있는 것은
남쪽 둑을 메운 오래된 거송들.

두 아름은 되어 뵈는
그 구부정한 몸통을 과시하며
거송들은 저마다 용틀임하고 있다.

엄청 굵은 가지들도
사통팔달의 자유를 구기히고,
하늘을 가린 솔잎들이 싱그럽다. *

와, 와, 와, 와, 탄성을 질러가며
둑길을 걷고 있는
나의 머릿속은 말들로 들끓는다.

거송은 현실인가, 초현실인가.
노송은 시간인가, 초시간인가.
한마디로 신운(神韻)이 감돌고 있음이여.

그 신운을 보고 느끼고 마셔 본 이는
이제 소나무를 떠나서는 살 수 없다.
이제 풍류를 여의고는 살 수 없다.

못가의 노송은 물이 좋아선지
가지들을 온통 그쪽에 기울여서
끝의 솔잎들은 수면에 닿아 있다.

법흥사와 소나무들

백덕산(白德山)은 해발 천삼백오십 미터,
곳곳에 암봉과 절벽을 펼치며
면면히 뻗었는데,
그 한 끝인 연화봉 형상은
누워 있는 사자의 남으로 들린 머리.
(그래서 불가(佛家)에선
백덕산을 사자산이라고 부른다)
신라 구산선문(九山禪門)의
하나였던 법흥사(法興寺)는
바로 그 사자 머리, 연화봉 아래
푹 파묻혀서 보이지 않았다.

처음 시야에 들어온 것은
심우장(尋牛莊)과 극락전 사이
고색창연한 징효대사(澄曉大師) 탑비였다.
탑신의 비문은 몰라보게 마모되고
군데군데 고청(古靑)빛 이끼가 끼었지만,
맑디맑은 새벽의 기운, 대사의 얼이
대낮인데도 서리어 있었다.   *

이어서 선원과 종각이 있는 중대(中臺)까지
약 이백 미터 거리를 메운 솔숲!
세상에, 이런 풍광도 있었던가.
너무 놀라워서 말이 안 나온다.
수십 미터씩이나 하늘로 곧장 뻗은
금강송이 수백 그루, 아니, 수천 그루.
나무마다 잔가지는 일체 안 보이고
아득한 하늘 높이, 말하자면 무색계(無色界)의
비상비비상처(非想非非想處)쯤에나 이르러야
솔가지를 이리저리 그물처럼 짜고 있다.
그 푸른 그물 새로 보이지 않는
신운(神韻)의 감로가 시나브로 내리누나.
솔향이 짙게 배인 그 신비의
영액(靈液)을 마시고도 심신이 정화 안 될,
심안(心眼)이 안 열릴 중생은 없으리.

연화봉 아래
상대(上臺)의 적멸보궁(寂滅寶宮),
그 안의 북쪽 벽은 투명한 유리여서

부처님의 거룩한 진신사리탑과
이 절의 창건주, 저 자장율사의
수도처였다는 토굴이 보인다.
나무석가모니불
나무석가모니불……
스님의 목탁 소리와 함께
그 염불 소리에 이끌려서
나는 어느새
삼배의 정례(頂禮)를 올리고 있었다.

귀로에 들어서자
좀처럼 걸음이 떼어지지 않는구나.
특히 솔숲을 떠나자니 그랬다.
나는 거듭거듭 우러러보고,
뒤돌아보고, 탄식하며, 고개를 끄덕였다.
이 숲에 떠도는 거룩함은 무엇일까.
그것은 하나로 꿰뚫린 진 · 선 · 미,
아니, 그것을 넘어선 경지라야
비로소 열리는 성(聖) 그 자체,

니르바나 아닐까나. 적멸위락(寂滅爲樂) 아닐까나.

나는 오래오래

이 솔숲을 마음에 간직하리.

이 거룩한 영성의 고요,

불멸의 숲을.

청간정

노송으로 둘러싸인
바닷가 언덕 위의 청간정(淸澗亭) 아름답다.
대들보에 걸려 있는
이승만의 휘호, '淸澗亭' 석 자는
마음에 젖어오나 습하지 않고,
눈을 시원하게 해주는 것이
천하묘필(天下妙筆)이다.
누각 아래로는
화암사(禾巖寺) 계곡의 맑은 냇물이 면면히 흘러와서
동해에 닿았나니,
청간(淸澗)이란 그를 두고 한 말인가.

백사장엔 온통 수백 마리 갈매기가
널부러져 있다.
또는 끼룩끼룩 울부짖으면서
법석을 떨고 있다.

서쪽엔 바로 산 중의 산인
설악 연봉이

일망무제인 동해의 창파(滄波)하고,
바다 중의 바다하고
맞절을 하고 있네.

진실로 산은 높고 바다는 깊도다.
그런데 천지간의 삼라만상이
하나로 꿰뚫리는 절묘한 순간은
해돋이나 달돋이 때라고 한다.
그때엔 그야말로 우주 전체가
원융무애의 여의주 되므로.
영롱무비의 여의주 되므로.

그러나 지금은 십이월 한낮,
매서운 삭풍을 견디기 힘들구나.
청간정 와서
산수의 진수를 만끽하였으니,
이제 우리는 미련없이 돌아가야,
발길 가벼운
나그네 신세답게.

참나무에 대하여

1
이 나라의 웬만한 산에는 흔한 것이
소나무와 참나무.
소나무는 어딘가 귀족풍이지만
참나무는 철저한 서민풍 나무.

2
참나뭇과엔
참 자(字) 들어간 이름이 많구나.
갈참나무, 굴참나무,
물참나무, 졸참나무……
그 밖에 정다운 이름도 많구나.
구실잣밤나무, 상수리나무,
약밤나무, 떡갈나무……
그 열매들은 한결같이 식용인데,
이 나라 사람들은
호랑이 담배 피던 옛날 옛적부터
도토리묵을 만들기 좋아하지.
도토리 수제비,

도토리 만두도 만들어 먹고.
(도토리묵을 먹어보지 못한 이는
한국인이 아니라네)

   3
송엽주(松葉酒) 안주로는
잣이나 호도,
또는 송화다식이 제격이겠지만,

막걸리 안주로는
감자부침이나,
도토리묵이 일품이고말고.

백자 접시 가득,
갖은 양념 간장 바른
저 진갈색 도토리묵을 보소.

입 안에 어느덧
군침 안 도는 사람이 있을까.

벗이여, 우리 한 잔 하고 가세.

　4
참나무는 아주 후덕한 나무.
인간이 원할진대,
표고버섯 키우는
원목으로 잘려 나가기도 하거니와,
온몸을 태워, 무서운 화열(火熱)로
자기(磁器)를 구워내기도 한다.
숯가마에 들어가서
새까만 참숯으로 변신할 줄도 안다.
화로에 담겨
이글이글 타오르는 숯불도 되고.
그 위에 놓인
주전자 물 끓는 소리를 들어가며
기나긴 겨울 밤,
할머니는 옛날 얘기를 들려준다
귀여운 손자들 성화에 못 이겨서.
화롯불에 구워 먹는

감자나 가래떡 맛,
그걸 나는 길이 잊을 수 없으리.
요즘 사람들은 알 턱이 없겠지만,
아낙네들은 숯불 다리미로
옷이나 천의 구김살을 폈다네.

  5
참나무는 끈질긴 정이 많은 나무.
늦가을 되면
싫어도 퇴색하여 잎 떨구게 마련인 게
모든 낙엽 활엽 교목의 생리인데,
어떤 참나무들은 완강히 거부한다.
한사코 잎을 떨구지 않는다.

한 떡갈나무가 겨우내 붙어 있는
마른 잎들에게 이렇게 말한다.
「나는 너희들을 놓지 않을 거야,
너희들은 하나하나 나의 분신인데.
너희들은 말랐어도 죽은 건 아냐.

여전히 나의 소중한 악기들.
나목들에게 웬만한 바람은
있으나마나지만,
보라, 나의 신비로운 악기들은
얼마나 미묘한 소리를 내는가를」

시들은 잎들이 떡갈나무에게,
「어머니 저희들을 붙들고 계세요.
새봄에 새싹이 나올 때 까진.
저희들은 몸으로 증거해야 돼요.
사랑의 지속 앞엔
죽음도 서리처럼 녹고 만다는 걸.
저희들은 겨울 속에 살아 있는 훈훈함,
따듯한 정이에요. 아직도 이렇듯
바르르 바르르 떨 줄을 안답니다」

  6
눈도 안 왔는데
겨울 산엔 왜 가나?   *

자네, 그건 모르는 소리라구.
참나무 숲에 가봐.
땅에 깔린 낙엽들,
참나무 낙엽들이
얼마나 폭신폭신
부드럽고 정갈한 자리가 돼 있는지.
더구나 벽공(碧空)에서 맑은 겨울 햇살
백금 가루 되어 쏟아질진대,
참나무 낙엽들은
한껏 유혹의 눈짓을 보낸다네.
자, 와서 앉든지
이리저리 뒹굴든지, 마음대로 하세요.

7
도토리 떨어지자 바위가 받아
툭 소리 났다.
그 소리는 도토리가 낸 것일까
바위가 낸 것일까.
둘이 낸 것이지, 둘이 하나 되어.　　　*

8
손병희 선생 묘소에서
대동문 쪽으로
진달래 능선길을 절반쯤 올라가면
묘하게 생긴 떡갈나무 한 그루.

그 밑동 둘레엔
큰 바위 덩어리가 대여섯 모여 있고,
바위에 다리 뻗고
앉을 만한 높이에는
세 방향으로 난 굵은 가지들,
천연의 안락의자.
가지는 각기 이리저리 뻗어나가
사방팔방으로 녹음을 드리운다.

맨 아래
천연의 안락의자에는 이몸이 앉고,
오른편 가지에는 황금빛 아들을,
왼편 가지에는 복사빛 딸을

올라가 앉게 하고,

등 뒤로 뻗은

가지엔 아내를 앉게 하면 어떨까.

우리는 합창을 즐기기도 하겠지만

때로는 아내의 독창을 들으려고

세 사람은 자연히 입을 다물리.

아내의 고음, 부드럽고 섬세하나

높이 하늘로 솟구쳐 오르는 듯,

또는 깊이 구천(九泉)으로 스미어 내리는 듯,

종횡무진의 가락에 몸 맡기면

우리는 탈혼(脫魂)의 황홀경에 빠지리.

떡갈나무도, 둘레의 바위들도

어깨동무할 것이리.

이 떡갈나무,

천연의 안락의자,

맨 먼저 그것을 발견한 자 누구일까?

그리고 그 위에 앉아 본 자 누구일까?

필시 이몸이 처음은 아니겠지.

하지만 그것에
'가족나무'라고 이름을 붙인 자는
이 몸밖에 없으리.
그리고 거기에 오래오래 앉아서
깊은 명상에 잠기는 자도.

화석정 연음(連吟)

1

멀리 서북엔 벽봉(碧峰)의 굴곡선이, 화석정(花石亭) 아래론 굽이 굽이 임진강이.

2

율곡이 노닐던 '花石亭' 편액은 바로 박정희 대통령 휘호.

3

화석정 양편에는 수령 오백 년의 울창한 느티나무 거목이 있네.

4

돌도 꽃답다는 이야기일까, 묘석(妙石)은 많아도 꽃은 없는 화석정.

5

자운산(紫雲山) 아래 율곡의 묘소 거쳐 화석정 오매 율곡 생각 간절하다.

6

지(智)·인(仁)·용(勇)의 삼덕을 두루 갖춘 절세의 사상가요, 교육자요, 정치가.

7

맑고 시원한 강바람 놓아두고 화석정 떠나기 못내 아쉽구나.

백두산 체험

1

백두산엔 필히 가라, 한국인의 정체성을 확인하고 싶은 이는.

2

정상에서 천지(天池)를 굽어보자 어떤 시인은 수십 번 큰절을.

3

시종 덜덜덜 떠는 일밖엔 아무것도 못했다는 사람도 있음.

4

왜 배달겨레에겐 자고로 백두산이 신앙의 대상인가.

5

백두산이야말로 곧 우리네 현묘지도(玄妙之道)의 근원.

6

백두산 천지가 다름아닌 한국인의 영혼의 구조라네.

7

단군 성조(檀君 聖祖)는 지금도 살아계신 우리의 할아버지.

8

우리 후손은 조상에 비해 형편없이 타락해 있다.

9

칠천만 동포여, 각자 한 사발씩, 우리 통회(痛悔)의 눈물 흘리세.

더 늦기 전에 각성하세 인간이여

북한산의 다람쥐가
해마다 줄어들고, 몸집도 작아지고
있는 걸 아는가?
극성맞은 사람들이
산의 도토리를 모조리 차지해서
다람쥐가 먹을 게 없는 탓이라네.

몸에 좋다니까, 돈이 된다니까
모조리 훑어가서
웅덩이에선 개구리를 볼 수 없고,
들에선 뱀의 그림자도 볼 수 없다.

그 탐욕스러움, 밑 빠진 식욕.
도대체 사람이 못 먹는 게 무엇인가?
오곡백과와 채소류 말고도
개, 소, 말, 꿩, 참새, 돼지에서
개구리, 미꾸라지, 뱀, 달팽이, 곰의 쓸개,
제비 집에 이르기까지,
그야말로 육·해·공 삼계를 넘나들며

동식물을 제압하니,

그래서 이른바 만물의 영장인가?

원, 천부당 만부당한 말씀이지.

막다른 궁지에서

할 수 없이 되면

사람은 사람의 시체를 뜯어 먹기도 하나니.

그 게걸스러움, 가공할 식욕.

만물의 영장이기는커녕

유사 이래 지구상 최악의 추물이지.

괴물 중의 괴물이지.

그렇다면 괴물답게

왜 스스로 만들어낸 배설물들,

똥 오줌을 비롯해서

각종 공장 폐수, 산업 폐기물들,

온갖 유독 가스, 일체의 오염물질들마저

깨끗이 먹어 치우지 못하는가?

지구는 그런 쓰레기의 범람으로

몸살을 앓고 있는데 말야.   *

생각해 보세, 생각해 보세
도대체 땅 위에서
우리 인간 말고 어떠한 동물이
자연환경을 멋대로 훼손하고
멋대로 오염시키고 있는가를.
(사람떼가 우르르 지나가기만 하면
숲은 망가지고 공기는 탁해진다)
코끼리가 그러한가? 사자가 그러한가?
뱀이 그러한가? 족제비가 그러한가?
스스로의 배설물을 감쪽같이 처리하는
고양이만도 인간은 못하구나.

그처럼 게걸스레 처먹기만 하였기에
남아도는 정력으로
인류가 해낸 일이,
결국 어리석게도 지구를 들쑤셔서
아프고, 뒤틀리고, 이지러지게 하는 일이었던가?
빛좋은 개살구,
산업의 기치 아래,

개발의 미명 아래.

강물이 썩어간다.
산이 피 흘린다.
바다가 죽어간다.
흙이 질식한다.
대기가 앓고 있다.
생태계가 파괴되어
동식물이 쇠멸의 위기를 맞고 있다.
봄이 와도 제비는
돌아올 줄 모르나니……

정말 인간이 계속 이렇듯
무지막지 일변도로
개인이나 집단이나 이기 일변도로
탐욕 일변도로 밀고 나간다면,
두 눈을 가린 우치의 비늘을
떼어내지 못한다면,
자연을 외경하기는커녕

환경 파괴를 떡 먹듯 해낸다면,
빈곤과 기아로
춥고 배고팠던 시절은 망각하고,
대량 생산과
대량 소비 바람에 놀아나서
물질 귀한 줄을 까맣게 잊는다면,
물질 흔하다고 물질을 천시하고
물질을 마구 함부로 써댄다면
마침내 인간은 그 물질의 보복을 받으리라.
마침내 인간은 바로 지구의 보복을 받으리라.

대홍수와 지진이 일어나고,
아주 무서운 괴질이 만연하리.
아냐, 어쩌면 그러한 물이나
불의 심판을 받기 전에
인간은 질식하리.
숨쉴 공기라곤
단 한줌도 안 남게 될 테니까.
지상에도 지하에도

마실 수 있는 맑은 물이라곤
단 한 방울도
안 남게 될 테니까.

이런 종말적 위기를 면하려면,
단 한 가지 길밖엔 없다.
그것은 인간이 우치를 여의고
탐욕을 벗어나서
본래 면목으로 되돌아가는 일.

본래 하늘·땅·사람은 하나.
삼라만상의 근본은 하나.
비로자나 부처님과 한 송이 꽃은
둘이 아니듯이,
사람과 꽃은 둘이 아님.
사람과 다람쥐는 둘이 아님.
사람과 바위는 둘이 아님.
사람과 나무는 둘이 아님.
사람과 승용차는 둘이 아님.

사람과 피아노는 둘이 아님.
사람과 물고기는 둘이 아님.
사람과 황새는 둘이 아님.
사람과 지구는 둘이 아님.
사람과 해와 달과 별은 하나.
사람과 지·수·화·풍·공(空)·식(識)은 하나.
사람과 비로자나 여래는 하나.
삼라만상의 뿌리는 하나.

실상 그러기에 삼천대천세계
삼라만상은
서로 꼬리 물고 돌아가는 만다라.
시작도 끝도 없이, 중중무진으로
오색 찬란하게
빛뿜는 만다라.
무지개 만다라.
백천만억의 만다라이면서도
하나로 꿰뚫리는 법신불 만다라.
원융무애의 황홀한 꽃만다라.   ＊

그런데 이제,
하필이면 인간이 일탈을 꾀하다니!
대우주의 놀라운 질서,
그 완벽한 균형과 조화를
감히 깨려고 발광을 하다니!

참회하세, 참회하세.
인간이여, 인간이여.
그동안 우치와 탐욕에 눈이 멀어
물질을 남용한 일,
자연을 못 살게
환경을 파괴하고,
흙·물·불·바람을
마구 오염시킨 대죄를 참회하세.
결국 자연 파괴는 인간 파괴이고
결국 환경 오염은 인간 오염임을
우리 인간은 뼈저리게 명심해서,
더 늦기 전에
각성하세, 각성하세. *

일찍이 이 나라엔
「사람은 자연보호 자연은 사람보호」
이런 좋은 표어가 있었건만,
한낱 구두선(口頭禪)에 그치고 말았고,
예부터 이 나라는
삼천리금수강산이라 뽐내건만
오늘의 쓰레기 강산이 웬 말인가.

우선 나부터
그 도둑놈의 이기심을 몰아내세.
사람들이 저마다
자기 정화 이룩하면,
그 본래 면목을 회복하여
동체대비심(同體大悲心)이 봇물처럼 터지리니,
가정엔 평화와 화락이 넘치고
사회는 복지사회,
나라는 청정국토,
세계는 한 송이 빛뿜는 연꽃,
우주는 법신불 만다라 될 것이다.

3 마이산 시편

마이산 전설

산신 부부가 진안고원에서
아이 낳고 키우며 살고 있었다.
남편 산신 입 열기를,「이제 지상에선
할 일 다했으니, 하늘로 올라가자」

「언제 올라가죠?」아내가 물었다.
「사람들이 보지 않는 한밤중이 좋겠어」
「밤엔 두려워요. 한잠 푹 자고 난 뒤
꼭두새벽에 올라가기로 해요」

아내 산신 애원에 남편은 꺾였다.
이튿날 새벽, 부지런한 동네 아낙네가
우물에 나갔다가 기절할 뻔하였것다,
거대한 산이 두둥실 떠서 하늘로 오르다니!

그 해괴함에「으아악 으악……」
비명을 질렀다. 그 바람에 주춤한
산신 부부는 그만 도로 제자리에
주저앉고 말았다. 영영 굳어졌다.   *

화가 난 남편 산신 아내를 걷어차고
아이까지 빼앗았다. 숫마이봉은
그래서 지금도 토라진 자세지만,
그래서 지금도 토라진 자세지만,

암마이봉은 돌아앉긴 하였어도
고개를 떨구고 후회하고 있는 모습……
산신 부부의 이 뒤틀린 금실을
바로잡아 줄 인재는 없으려나?

마이산 별명 유래

마이산엔 이름이 많기도 하지.
신라 때엔 서다산(西多山),
고려 때엔 용출산(湧出山),
마이산엔 이름이 많기도 하지.

조선시대 태조는
속금산(束金山)이라 했다.
이 산에서 왕이 백일기도 드리던 중
산이 온통 금을 묶어 놓은 듯 비쳤다 하여.

그 뒤 태종은
산의 기이함에 감명을 받고
제관을 보내 치제(致祭)케 하였으며,
마이산(馬耳山)이라 명명(命名).

    ※

봄에는 안개가 자욱한 가운데를
뚫고 솟은 두 봉우리가

마치 배의 쌍돛대 같다 하여
돛대봉이란다.

여름엔 용각봉(龍角峰),
노령산맥은 용의 몸 되고,
진안고원은 용의 머리 되니,
두 바위봉은 용의 뿔 될밖에.

가을에 일대가 단풍이 들면
바위봉 색깔과 모양은 완연히
말귀로 둔갑한다.
마이봉이라 불리는 까닭.

겨울에는 아무리 눈이 내려도
쌓이지 않아,
먹물 머금은 붓끝 같다 하여
문필봉이라네.

마이산 탑사와 이갑룡

  1
그대 단순히 바람을 쐬려고,
또는 호기심으로 마이산 탑사를 찾지 말라.
이 나라의 유서 깊은 명산이 그러하듯
그곳 또한 신성한 지역인 까닭.

몸 씻고, 마음 닦고,
하여 그대 육안에서 비늘이 떨어져야,
하여 그대 마음이 갓난아기처럼 무구해져야,
그곳에 다녀올 자격이 있나니.

왜 마이산 탑사에 가는가?
바로 눈앞에 기적을 보기 위해,
대소 80여 기 돌탑을 확인하고
신생(新生)의 감동과 축복을 받기 위해.

  2
산악의 나라, 한국의 무수한 산악 중에서도
이곳 마이산은 너무도 특이하듯,

석탑의 나라, 한국의 무수한 석탑 중에서도
이곳 돌탑들은 너무도 독특하다.

도대체 이것이 누구의 솜씨일까?
설사 귀신들이 쌓았다 해도 믿기지 않으련만,
오직 이갑룡(李甲龍) 한 분의 원력(願力)으로,
필생의 정진으로 성취된 일이라니!

층층으로 되어 있는 마이산 탑사,
그중 높은 곳엔 우람한 탑이 둘,
음양을 상징하는 천지탑이 솟아 있다.
천만으로 헤아려도 모자랄 법한

돌로 기단을 원추형으로 둘러쌓은 위에
외돌을 외줄로 쌓아올린 형태도 특이하려니와
그 십오 미터 높이에 어떻게 돌을 얹었을까?
단신 맨손으로 어떻게 쌓았을까?

천지탑 둘레엔 신장탑(神將塔)들이

옹위하고 있고, 그 옆엔 오방탑(五方塔),
오행(五行)을 상징하는 다섯 개의 돌탑 있네.
음양 이치와 팔진도법에 따라 축성이 된 것.

아래쪽 평지엔 세월을 나타내는
월광탑 일광탑이, 중앙단엔 흔들탑들,
거센 바람이 휘몰아칠 땐
흔들흔들 하다가도 제자리에 멎곤 하는,

신비의 외줄탑들, 그것은 인간의
취약성과 강인성을 더불어 말함일까.
약사탑, 미륵탑…… 이렇듯 놀라운
만불탑군 조성한 이갑룡이 누구인가.

  3
1860년 음력 3월 25일
임실군 둔덕리에서 갑룡은 태어났다.
준수한 용모에 방정한 지기(志氣).
게다가 효성도 지극했다.   *

그는 떡잎부터 완연히 달랐으니,
5세에 이미 밥그릇 앞에 놓고
스스로 천지신명께 빌었다.
어찌 희한한 일이 아니랴.

조실부모하매 3년의 시묘살이,
그때 터득한 게 생식법이었다.
생식은 심신을 정화하거니와
신명을 자기 안에 샘솟게 하는 길.

그는 유달리 산을 좋아했다.
산은 거기 언제나 눈앞에 있기에.
비록 오라 가라 말은 안 하지만
멀리, 가까이, 도처에 있기에.

높은 산에 올라가면, 절로 솟구치는
호연지기로 노래를 불렀다.
대자연의 경이와 신비 앞에
절로 고개 숙여 기도도 드렸고.   *

약관의 나이에 남의 집 머슴살이,
저녁이면 동서남북 사방에 정화수를
떠놓곤 빌었다. 애써 농사 지은
햅쌀로는 제일 먼저 산신제를 올렸고.

밤이면 짚신 삼아 장에 내다 팔았지만,
가난한 사람에겐 그냥 주기도.
그 주인집을 떠날 때의 일이었다.
큰 망태기 두 개를 짜 주면서,

언제고 기필 찾으러 올 테니,
잘 보관해 달라고 부탁했다.
그 뒤 72세에야 그 집을 찾았건만,
선뜻 뒤주에서 꺼내어 주더란다.

그런 저런 인연으로, 그 집의 손녀를
그는 며느리로 삼게 되었던 것.
그 며느리는 지금도 살아 있다.
시아버님 기운을 제일 많이 이어받고.   *

다시 이갑룡의 약년기로 돌아가자.
밖으로는 열강의 각축으로 말미암아
안으로는 국정이 날로 기울어
그는 한때 자원하여 군졸이 되었다.

하지만 이내 그것이 아니라는 생각이 들어
군직을 벗어나자 임오군란 일었으니,
그는 더욱 내면에의 길을 걷게 된다.
번민과 우울의 나날을 되씹으며.

25세 때 꿈속에서였다. 산신이 나타나
〈마이산으로 가라. 마이산으로 가라.
그곳이 그대가 안심입명(安心立命)할 곳,
가서 우선 그대는 자신을 정화하라〉

한번 본 사람은 평생 도무지
잊을 수 없는 산, 신비의 마력,
무서운 자력을 지니고 있는 산,
마이산은 삶의 근원을 암시한다.   *

그 마이산 절벽 아래 단좌한 채,
기구(祈求)와 묵상의 나날이 이어졌다.
하루 한 끼 생식으로 목숨을 이어가며,
신은 나막신에 옷은 흰 무명 옷.

그 무명옷 단벌로 그는 삼동(三冬)을 감내했다.
몸은 학처럼 야위었지만 마음은 명경지수,
천·지·인 일기(一氣)의 이치를 깨달았다.
그것이 풍류도의 진수라는 것을.

단군 성조 이래 면면이 이어온 현묘한 도,
천지의 기운과 진인(眞人)의 기운은 둘이 아니매,
천·지·인 삼재의 균형과 조화, 그것을 찬미하고
그것을 증거할 방도는 무엇일까?

그때, 탑의 조성이라는 영감이 떠올랐다.
그렇다, 탑을, 그것도 이왕이면
만불탑을 세워 보자. 억조창생 구원과
만국평화 기원하여.   *

인간은 누구나 진인 될 수 있건마는,
그 숙업의 우치와 탐욕으로
나와 남을 더불어 해치는 미친 짓,
마군의 꼭두각시 노릇이나 일삼는다.

그 캄캄 수렁의 악몽에서 깨어나자.
그러자면 각자가 죄업의 사슬 끊고
새롭게 태어나야, 자기 극복과 정화의 길로
용맹정진해야 마침내 진인 되리.

진인이라야 천지와 맞먹나니.
천지와 하나인 진인 된다는 건
내가 곧 하나의 탑이 된다는 것.
천·지·인 일기의 증거가 된다는 것.

그리하여 갑룡은 탑 세우길 서원했다.
마이산 주변의 자연석을 하나하나
모으기 시작했다. 큰 돌과 작은 돌이
서로 맞물리어 차곡차곡 쌓이었다.   *

하지만 거의 되어간다 싶으면
영락없이 무너졌다. 무너지고 무너졌다.
허구한 날 솔잎 따위 생식으로 견디건만,
서두르지도 않고 정성을 다하건만.

이 무슨 변괴런고?
어느 날 갑룡은 마이산에 기도했다.
비몽사몽간에 소리가 들리기를,
〈마이산은 본래 의좋은 부부 산.

그런데, 전설이 말해주듯, 부부 금실이
금갔기 때문일세.깨졌기 때문일세〉
부부가 따로따로, 음양이 따로따로
놀아선 큰일이지, 큰일이고말고.

갑룡은 근본적인 재검토에 들어갔다.
암마이봉, 숫마이봉, 두 봉우리의
금실 회복 위해, 우선 지세부터
면밀히 연구했다. 마음을 비우고.   *

숫마이봉 양기와 암마이봉 음기가
하나로 만나서, 오행이 제대로 돌아갈 만한
자리가 어디일까. 바로 그 자리가
천지탑을 비롯한 지금의 만불탑 터.

그 뒤로 쌓는 돌은 무너지지 않았거니.
다만 한없는 심사숙고와 기도가 필요했다.
이모저모 사방팔방으로 돌아가며
오랜 관찰 끝에 균형을 잡아갔다.

하나의 돌 위에 하나의 돌을 올려놓는 데도
여러 날이 걸리기도. 돌은 크건 작건
꼭 놓여야 할 자리에 놓여야,
더는 보탤 것도 뺄 것도 없어야,

하나의 기로 꿰뚫리어 치솟는다. 확고해진다.
돌탑의 조성엔 햇빛보다도 달빛이 유리했다.
양기 일변도의 가혹한 대낮보다
달밤엔 음양이 서로 한없이 가까워지기 때문.   *

하여 대낮엔 여기저기 이 나라 명산을 찾아
그곳의 돌을 바랑에 담아 왔다.
아침에 떠나면 저녁엔 돌아왔다.
금강산이건, 지리산이건, 묘향산이건 간에.

필시 그는 축지법을 쓸 거라는 소문이었다.
어떤 이는 말하기를, 그가 백호 등허리에
업힌 것을 보았다고. 또 어떤 이는
축지법 비결이 곧 그의 나막신에 있다 했다.

어쨌거나 이갑룡이 차츰 풍류도인
되어간 건 사실이다. 달빛이 치일칠
천지간을 끈끈한 은빛 일색으로 칠해 놓은 밤,
그 달빛의 친화력 앞에서는

어떠한 모순도 갈등도 이내 용해될밖에 없다.
바로 그런 달밤을 택해, 그는 가장 어려운
작업을 해내었다 외돌 위에 외돌을 올려놓는 일,
그것도 십오 미터 높이에 말이다.   *

남의 도움이나 받침대의 힘을 빌려

하는 게 아니다. 분명 이갑룡

그 사람 몸이, 흰 무명옷에 달빛이 스미자,

두둥실 떴다. 가볍게 하늘하늘,

이미 쌓아 놓은 원추형 탑돌을

밟는 건지, 뜬 채인지, 어느덧 훌쩍 올라,

단숨에 돌을 얹어놓곤 내려왔다.

그게 어찌 신선 아닌 사람의 능사이랴.

오랜 생식으로 사실상 그의 몸은

이미 깃털보다 가벼워지고 있는지도 몰랐다.

오랜 수련으로 사실상 그의 솜씬

이미 신들의 영역에 속했던 것.

탑마다 꼭대기엔 명산에서 가져온

돌을 얹었다. 더러는 중간에 섞기도 하고.

그러기에 만불탑은 삼천리 금수강산

전체의 협력으로 이루어진 대사업.   *

또한 그러기에 이곳은 바로
우리 배달겨레 전체의 성지요,
참회도량이며, 기도처인 것이다.
억조창생과 만국평화 위한.

보라, 이 눈앞의 일대위관(一大偉觀)을!
이처럼 지속적이고 확실한 기적이
달리 있겠는가? 그 탑들 한가운데
앉아 있는 백발의 신선을 보아라.

우리의 풍류도인, 이갑룡 옹의 모습,
그는 자신의 영혼의 구조를
백일하에 드러냈네. 만불탑군으로,
신천지 개벽으로, 불멸의 상징으로.

우리는 어떻게 살아야 할 것인가?
탑들은 묵묵히 말해 주고 있다.
당신들도 탑처럼 천지간에 우뚝 서서
균형과 조화를 유지해 갈 일이다.   *

지기(地氣)와 천기(天氣) 받고
늘 자기 극복과 정화에 힘쓸지니,
바야흐로 신천지 개벽에 걸맞게
새 사람 될 일이다.

   4
이젠 갑룡 옹 최후에 대해서.
95세 여름에 그는 숨졌다.
하지만 서른네 시간 만에
다시 살아나는 기적을 보였다.

그 뒤 그는 3년을 더 사는데,
98세의 입적 이전 일 년간은
아예 단식과 기도로 일관했다.
가끔 생수만 마셨을 따름.

나중엔 배설물도 맑은 물일밖에!
이는 곧 그의 투명에의 의지였다.
이 불투명한 죄 많은 육신을

어찌 그대로 정토에 묻으랴.

그래서 죽기 전에 그는 자신을
아예 투명체로 정화하고 싶었던 것.
최후의 순간까지 그를 지탱했던
물처럼, 공기처럼, 따스한 햇살처럼.

오오, 찬미하자. 이갑룡 그 이름을.
난세에 태어나서, 구한말 풍운과
암흑의 일제시대 난세를 살다가,
광복은 잠시이고, 다시 난세를,

저 6·25 참변까지 겪었건만
끝내 의연히 무너지지 않았거니,
당신의 탑처럼 무너지지 않았거니,
오오, 찬미하자. 이갑룡 그 이름을.

마이산 탑사 일화

숫마이봉 중턱엔 화암굴(華岩窟)이라는
바위굴이 있는데,
사철 맑은 약수가 솟는다.
그 약수 마시고
백일기도 드리면 옥동자를 낳는단다.

지금 마이산 탑사의 주지는
이갑룡 옹의 증손인데,
미인 아내 거느린 젊은 스님이다.
음양오행이 제대로 돌아가는
한가운데 살아선지,
지기(志氣) 방정하고
혈색도 좋구나.

이곳 탑사에선
독신승의 경우, 3개월을 못 넘긴다고 한다.

그러기에 갑룡 옹도
끝내 독신으론 배겨내질 못하고,

46세 때 결혼한 것이라나.
당시 토굴에서 수도 중인 40세의
여인을 만나,
천정배필 만나.

어느 신선 이야기

그는 옛 중국 하동(河東) 사람이었음.
나이는 백일흔 살이었건만
무척 젊어 보였음.
흰 돌을 감자처럼 쪄서 먹곤 했음.

찐 돌은 말랑말랑, 그러면서도
쫄깃쫄깃하기 인절미 같았음.
배고픈 사람에게
그걸 아낌없이 나누어 주었음.

그는 매일 산에 들어가서
땔나무를 해 왔음.
그걸 외딴 마을 가난한 집집
문전에 내려놓고 묵묵히 떠났음.

그는 거의 말이 없었음.
사람을 만나면 땅바닥에 멍석 펴서
앉게 하곤, 먹을 걸 내놓음.
그뿐 아무와도 말을 안 했음.   *

위(魏)의 문제(文帝)가 즉위했을 무렵,
그는 황하 근방에 오두막을 짓고는
혼자 살았음. 땅바닥에 풀을 깔고
그냥 그 위에 앉고 자고 했음.

몸은 때투성이,
마치 진흙을 뒤집어쓴 듯했음.
며칠에 한 번밖에 먹지 않았으며,
여자와는 전혀 상종을 안 했음.

옷이 남루 되면
땔나물 팔아 헌 옷을 샀고,
여름이건 겨울이건 단벌로 견디었음.
감기 한 번 걸리지 않았음.

태수(太守)인 동경(董經)이 일부러 그를
방문하였으나, 역시 입을 열지 않았음.
하지만 동경은 더욱더 그를
존경하게 되었다 함.　　　　*

그 뒤 들불로 오두막이 탔을 때
사람이 가 보니
그는 불타는 오두막 속에 앉아
돌부처처럼 미동도 안 했음.

불길이 사위자, 그는 서서히
잿더미에서 일어서는 것이었음.
하지만 그가 걸친 옷은 멀쩡했음.
불에 그슬린 흔적도 없었음.

불탄 자리에 그는 다시 오두막을 지었음.
어느 날 큰눈이 내려
많은 집들이 무너졌음.
그의 오두막도 짓눌려버렸음.

사람이 가봤으나
그의 모습은 보이지 않았음.
필시 동사했을 것으로 여겨져서
찌부러진 오두막을 샅샅이 뒤졌더니, *

그는 눈 속에 잠들어 있었음.
얼굴은 붉게 달아올라 있었고,
쿨쿨 코를 골며 잠든 모습이
마치 여름 한낮에 대취한 사람 모양.

그제야 그의 비범함을 깨닫고서,
제자가 되겠다는 사람이 많았음.
도를 배워 비술을 익히고저
그에게 간청하는 사람이 많았음.

하지만 그때마다
그는 머리를 설레설레 흔들고는,
「천만에, 도라니요, 그런 건 몰라요」
하고 말할 뿐이었음.

때로는 늙어지며, 때로는 젊어지며
그렁저렁 이백 살이 넘었을 때쯤
그는 이승에서 자취를 감추었음.
그는 초선(焦先)이란 이름을 가진 신선이었음.

귀신이 곡할 일

옛날 중국에
호미아(胡媚兒)라는 방사(方士)가 있었음.
옷은 늘 거지꼴이었지만
그의 반짝이는
두 눈은 때로 요기(妖氣)를 발했음.

어느 날 그는
양주(揚州)의 저잣거리에 나타났음.
투명한 유리병 하나를 들고.
그 병의 입은
갈대 속만한 두께에 불과했음.

그는 말하기를,
「입은 가늘지만 무엇이든 들어간다」
구경꾼 한 사람이 동전 하날 꺼내면서
「이 돈도 들어가나?」
하자 그는 고개를 끄덕였음.

사나이가 동전을 병의 입에

가까이 가져가자, 동전은 저절로
빨려들어가듯 병 속에 들어가서
밑바닥에 떨어지는 소리가 들렸음.
그윽하고도 맑은 소리였음.

놀란 사람들은 큰 눈을 뜨고
유심히 살펴봤음.
동전은 병 바닥에 콩알만한 크기로
빛나고 있었으나, 차츰 작아져서
겨자씨만해지다 꺼지고 말았음.

또 다른 사나이가
동전을 너덧 개 병의 입에 가져갔음.
역시 그윽한 소리와 함께
동전은 병 바닥에, 몇 낱의 작은
점으로 빛나더니, 이내 모두 사라졌음.

열 개를 넣어도
스무 개를 넣어도 매일반이었음.

이리하여 호미아는
하루 기백 냥의 돈을 벌었고,
소문은 삽시간에 온 양주 고을에 퍼졌음.

그날도 사람들은
호미아 둘레에 구름처럼 모였음.
그 불가사의한 병을 보려고.
그러자 마차의 행렬을 거느린
관리가 나타났음.

마차엔 관리가 조세로 받아낸
곡물이 그득그득 실려 있었음.
행렬을 멈추고, 잠시 호미아의
술법을 바라보던 관리는 말하기를,
「여보게, 그 병엔 돈만 들어가나?」

「아닙니다. 무엇이건 다 들어갑니다」
「무엇이건 들어간다? 그게 확실한가?」
「예, 무엇이건 다 들어갑니다」

「그러면 저, 내가 거느린
마차도 그리로 들어간단 말이것다?」

「물론입니다」「그럼 어디 넣어보게」
호미아는 병의 입을 마차 향해 기울였음.
그러자 수십 대의 마차는 마부와 함께
빨려 들어갔음. 그가 병을 세우자
마차는 일렬로 바닥을 빙글빙글 돌고 있었음.

말발굽 소리와 차바퀴 소리가
마치 천상(天上)의 음악인 양
절묘한 가락을 자아내는 것이어서
보는 이들을 황홀하게 만들었음.
마차의 행렬은 차츰 선두부터 사라져 갔음.

마침내 몽땅 사라져 버리자
꿈에서 깨어난 듯 사람들은 저마다
탄복하며 한숨을 쉬었음.
그제사 관리도 제정신이 들었음.

「거 참 놀라운 술법이로군.

하지만 더 이상 지체했다가는
상사의 꾸중을 듣게 될 터,
그러니 서둘러 마차를 돌려주게」
「못 돌려 드립니다」 하고 호미아는
잘라 말하였음.

「농담 하지 말고,
자, 어서 돌려주게. 시간이 없어」
관리가 아무리 성화를 부려도
호미아는 차갑게 되풀이할 뿐.
「못 돌려 드립니다」

화가 치민 관리는 정신없이
칼을 뽑았음. 칼날이 번개처럼
호미아의 머리 위에 번쩍했을 때엔
이미 호미아는
잽싸게 병 속으로 뛰어든 뒤였음.   *

관리는 황급히 병을 집어들고
힘껏 땅바닥에 동댕이쳤음.
병은 박살났음. 파편은 여기저기
낭자하였지만, 귀신이 곡할 일인지고,
마차도 호미아도 간 곳이 없었음.

4 신년시 기타

1992년 새해를 맞이하여

옛날 성현들은 하루 세 번을
반성했다지만, 우리는 일 년 내내
한 번도 안 하고 지내는 게 아닐까.
그래서 우리는 진드기나 다름없다.

잔뜩 자기 배 채울 일만 생각한다.
그러면서도 일단 입에 마이크가 주어지면
잘못된 세상사의 탓은 다 남에게,
나 아닌 남의 과오로 돌리누나.

어느 시인은 이렇게 진단한다.
이 나라 각계의 지도급 인사들은
저 태국 방콕의 잠롱시장을
본받을 일이라고, 그 청렴결백과

안빈낙도와 솔선수범 정신의
몇분의 일이라도. '수신제가치국평천하',
오늘날에도 이 말은 여전히 진리인 것이나.
우선 나부터 실천궁행하자.   *

1992년, 새해엔 나부터
허리띠를 졸라매자. 과소비와 사치풍조,
그것이 너와 나의 심신을 좀먹는
대적(大敵)이요 망국병이라네.

손바닥만한 국토에 웬 놈의
골프장 사태인가. 국민 누구나가
골프를 못 치면 선진국이 못 되는가?
새해엔 이모저모 개과천선하세.

어느 대학신문에 게재 안된 신년시
- 1992년, 저 밝아오는 새해를 보라

인류의 절반을 시뻘겋게 물들였던

미친 이데올로기

공산주의의 사슬이 풀리자

그 종주국 소련도 와해되고,

악몽에서 깨어난

세계는 다시

신생(新生)의 몸살을 앓기 시작했다.

금세기 말이 인류의 종말인 양

무성했던 예언들도

낙엽처럼 퇴색하여

곧 기억 밖에 사라질 것이다.

깨어나자, 깨어나자

악몽의 비현실,

존재하지도 않는 허깨비와의

수렁 속 싸움에서

철저히 깨어나자. *

중요한 것은 「나」라는 개체,
생명의 핵,
그것의 극한 신장을 도모하여
우주적 대아(大我)를 실현하는 일.
내가 곧 우주의 중심이 되는 일.
쩡쩡 울리는 주체성으로
풍진 세상을 밀고 나가는 일.
어떠한 풍파에도
꺼지지 않을 등불을 켜는 일.

이 나라 각 분야가
그런 실력 있는, 성실히 일하는,
비전이 있는 개체로 충만할 때
인화단결은 저절로 이룩되리
실력 있는 개체끼린 서로 존중하기 때문.
국리민복(國利民福)은 저절로 이룩되리
내실 있는 개체들은 타락하지 않기 때문.
그들의 자리(自利)는 곧 이타(利他)로 통하기 때문.   *

골이 빈 사람, 허약한 개체만이
이 눈치 보랴, 저 눈치 보랴
부평초처럼 이리저리 떠돌밖에.
어리석게도 부화뇌동 일삼다가
악마의 꼭두각시 노릇이나 할 수밖에.

1990년대의 첫 해도 갔으니
곧 머지않아
21세기의 새 바람이 불어올 듯……
어쩐지 그 바람은
이 은하계 우주 밖에 있는
또 하나 다른
전혀 미지의 새로운 우주에서
불어오는 바람일 듯……

1992년,
저 밝아오는 새해를 보라.
지금은 경건히
마음도 비우고 몸도 비울 때,

하여 우리들의 고개가 저절로
미래로 기울면
우리는 깨달으리, 이마로 느끼리.
또 하나 다른, 미지의 우주에서
불어오는 새 바람을.

*이 시의 원제목은 「1992년, 저 밝아오는 새해를 보라」임. 어느 대학신문사의 청탁을 받고 썼는데, 신문사 측의 사정으로 끝내 실리지 않았던 시임.

하루를 일년처럼

하루를 일년처럼 산다면 어떨까
새벽에 솟는 해는
새해 첫날에 빛 뿌리는 태양처럼
서기(瑞氣) 어린 솔냄새 풍기겠지

저녁에 지는 해는
일년의 마지막을 고하는 태양처럼
고운 그러나 장엄한 노을로
서천을 물들이며 사라져 가겠지

아침은 언제나 희망의 봄이고
한낮은 땀흘려 일하는 여름
저녁은 풍성한 수확의 가을이고
밤은 위안과 단란의 겨울

이렇듯 하루를 일년처럼 산다면
하루는 얼마나 알차고 알뜰할까
하루는 얼마나 신나고 흥거울까
하루는 얼마나 새롭고 새로울까 *

아침에 눈뜰 때엔 날마다 날마다
새해 첫날 같은 새 희망에 부풀고
밤에 잠들 때엔 날마다 날마다
한 점 유감 없는 휴식에 잠기고

김좌진 장군 추모
– 탄생 백 주년을 맞이하여

김좌진(金佐鎭) 장군님,
당신이 태어났던
백 년 전 이 땅은
풍전등화처럼
나라의 목숨이 흔들리고 있었을 때.
호시탐탐
기회를 노리던 열강들이
한꺼번에 들이닥쳐
온갖 농간과 술책을 부렸을 때.
대의(大義)는 떨어지고
이욕에 눈먼 간신배들이
나라를 팔아 먹으려 들었을 때.
대낮에도 어둠이 가득하여
백성들은 갈피를 잡지 못했을 때.

당신은, 하지만, 남아 중 남아로
출중하게 성장했다.
아주 어린 소년시절부터
당신은 스스로 무예를 연마했다.

준마를 타고 장검을 휘둘렀다.
노비해방의 시범을 보였다.
학교를 설립하고 신학문을 권장했다.
이십 세에 이미
황성(皇城)신문사 이사가 되었고,
경성(京城)고아원과
기호흥학회(畿湖興學會)의 중책을 맡았다.
그러다가
드디어 나라가 망함에
북간도에 사관학교를 세우려다
일경(日警)에 체포되어
당신은 삼 년의 옥고를 치렀다.
그 옥고는
당신을 더욱 금석으로 연마했고
불굴의 독립투사로 키웠을 뿐.

1918년
만주로 망명 후엔
당신은 이내 독립군을 양성하고

총사령관 되나니.
망국의 치욕을 영광으로 바꾸려는
의혈(義血)의 칼을 드높이 뽑나니.
1920년 청산리 전투에선
마침내 크나큰 승리를 거두나니.
왜적 수천 명을 몰살케 하나니.
민족 정기가 죽지 않았음을
천하에 과시하고
실의에 빠진 동포에겐 희망을 안겨주는
가장 뚜렷한 별이 되나니.

당신이 겪었을 고난의 가시밭길,
눈보라 치던 만주의 허허벌판,
가도 가도 끝없이 엄습했을
기아와 혹독(酷毒)한 강추위 속에서도
당신이 보인 기개와 도량과 지략과 경륜,
당신이 떨친 용맹과 지도력과 투지와 승리……

뉘라서 그것들을 낱낱이 헤아리랴.

뉘라서 그 비할 데 없는 비결을 밝혀내랴.
하긴 그것들이
장군 혼자만의 공력은 아니리.
장군을 진심으로 기꺼이 따르던
그 수많은 무명 용사들,
그들의 믿음과 희생이 있었기에,
꽃처럼 뿌린 의혈이 있었기에
민족의 역사는 끊이지 않았으며,
장군의 이름은 별로 떠올라
불멸의 광망(光芒)을 뿜는 것이리.

불가사의한 건 장군의 죽음,
겨우 사십일 세에 운명하다니.
그것도 동포의 흉탄에 맞아,
이역만리의 황량한 벌판에서.
고려공산청년당원 박상실이란 어떤 사람인가.

◇

김좌진 장군님
김좌진 장군님

당신의 탄생 백 주년을 맞이해서
이제 우리는 생각해 봅니다.
무너져 가는
나라의 대들보를
당신은 마치 한 몸으로 지탱하듯
최선을 다해
버티어 나가다가,
나라가 망한 뒤엔
그 치욕의 어둠을 다시
광명으로 바꾸려는 투쟁을 벌이던 중,
홀연히 쓰러졌다.
조국의 광복을 십오 년 앞두고!
하지만 그러기에
당신은 눈부신 별이 된 것이다.

가장 크나큰 별이 된 것이다.
밤이 깊을수록
별은 그 광망을 더하는 법.

오직 한결같이
대의에 살고, 대의에 죽은
장군의 사십일 년
대인(大人)의 사십일 년
영웅의 사십일 년

당신은 그 생애를
무서운 속도로, 빈틈없이
일순에 살았건만,
범인(凡人)이라면 사백 세를 산다 해도
못 해냈을 위업을 훌륭히 성취했다.

장군의 탄생 백 주년을 맞이해서
이제 우리는 당신의 이름을
그저 한없이 부르고 싶을 따름

경건하고 숙연한 마음으로

김좌진 장군님
김좌진 장군님

김경한(金慶漢) 선생을 기린다
– 「어문春秋」 창간 십 주년에 부쳐

선생 자신의 말을 빌리자면
'대범관유(大凡寬柔)하여 맥없는 낙천자' 같기만 한
당신의 외모, 당신의 인상에서
어떻게 이런 논저가 나왔을까?

「어문春秋」 합본 2집을 쥐고서야
비로소 우리는 뒤늦게 깨닫나니,
추상같이 다가선 저자의 진면목,
'평범의 비범'이 이룩한 공적을.

난마(亂麻)와도 같은 어문의 혼란을
쾌도(快刀)처럼 정리해낸 당신의 혜안,
반만 년 역사를 하나로 꿰뚫었네.
민족 정기의 부단한 연마자여.

황야에 외치는 고독한 선지자여.
당신의 날이 서서히 다가오고 있음을 믿는다.
당신의 날은 곧 우리 민족 전체의 날,
분열은 통일로, 상처는 영광으로 바뀌는 날.

국자(國字)의 노래

우리의 국자(國字)는 자랑스럽게도 둘이외다
하나는 세계에 으뜸가는 표의문자 한자이고
또 하나는 세계에 으뜸가는 표음문자 한글일세
한자와 한글을 알맞게 혼용하면
상호보완의 상승작용으로
우리는 무소불능 문화대국 된다네
세계에 빛 뿌리는 봉황이 된다네

우리의 국자는 영광스럽게도 둘이외다
하나는 세계에 으뜸가는 표의문자 한자이고
또 하나는 세계에 으뜸가는 표음문자 한글일세
한자와 한글은 봉황의 두 날개라
날개 하나론 날 수도 없음을
우리는 각성하여 비상하세 세계로
드높이 날개 치는 대자유 누리세

한글과 한자의 영원한 혼용을 위하여

　1

한자는 우리 것이 아니라는
생각은 참으로
유치하기 짝이 없고
어리석기 짝이 없다.
하지만 그것이
'한글 전용'의 추세를 야기했고,
급기야 어쩌면 나라와 겨레를
막다른 궁지로
몰아갈지도 모를
원흉일진대,
묵과 못할 일이로다.

내가 먹는 쌀밥과 된장은 내 것이듯
내가 먹는 빵과 버터는 내 것이다.
내가 입는 저고리 치마는 내 것이듯
내가 입는 블라우스 스커트는 내 것이다.
그것을 아니라고 우길 사람 있겠는가?　　　　*

내가 사는 집은 한옥이건 양옥이건,
내가 신는 신발은 짚신이건 구두이건,
그것은 다 내 집이요, 내 신발.
그것을 부인할 사람이 있겠는가?

무릇 모든 문명의 기구에는
임자가 따로 없다.
갖는 자, 쓰는 자가
임자인 것이다.
전화기, 자동차, 냉장고, TV,
컴퓨터 따위에
무슨 인종이나 국적에 의한
소유의 제한이 있을 수 있겠는가?
문자도 마찬가지.
갖는 자, 쓰는 자가
임자인 것이다.

로마 자를 자기네 문자로
삼고 있는 나라가 얼마나 허다한가.

유럽은 거의 전부가 아닌가?
영국이나 프랑스 국민이
자국의 고유한 문자가 없다 하여
새로 만들어
쓰자는 말 못 들었다.

만약 어느 신생 아프리카 독립국에서
한글을 자기네 문자로 삼겠다면
그것을 안 된다고 간섭할 자격과
권리와 까닭이 이 나라에 있겠는가?

한국인은 자고로 한자를 써왔다.
무려 이천여 년 동안이나
사용해 온 것이다.
그리하여 찬란한 문화를 꽃피웠다.
그것은 어김없는 우리의 문자,
그것은 어김없는 우리의 혈육,
그것은 어김없는 우리의 역사,
그것은 어김없는 우리의 전통,

그것은 어김없는 우리의 산하,
그것은 어김없는 우리의 정신,

그런데 참으로
해괴망측한 일이 벌어졌다.
한자는 우리 것이 아니라니?!
그것은 마치
우리의 모가지를 우리 것 아닌
오랑캐의 것이라고
착각한 나머지
칼로 베어버리려는 짓과 같다.

한자를 배격하는 어리석음 때문에
보라, 지금 우리 배달겨레는
얼마나 위축되고 식약해져 있는가를.
얼마나 빈혈로 허덕이고 있는가를.

만약 끝끝내
'한글 전용'이 현실화된다면,

다음의 가공할 엄청난 결과를
우리는 자초하지 않을 수 없으리라.

한국의 역사는
도저히 반만 년이라고 할 수 없다.
우리는 '한글 전용'으로 말미암아
과거의 역사와 전통과 문화를
단절해버렸나니.
우리는 뿌리 없는 떠돌이 신세로다.
우리는 골이 빈 허수아비 꼴이로다.
족보는 무슨 빌어먹을 놈의 족보,
그것은 한낱
불 속에 넣어도 아깝지 않을
휴지 뭉치에 지나지 않는다.
한국은 신생 국가.
한국의 역사는
이제 겨우 근 백 년을 헤아릴 정도.

2

철학대사전을 펼쳐 보아라.
국사대사전을 펼쳐 보아라.
괄호 안 한자가 얼마나 많은가.
경제학 사전을 펼쳐 보아라.
사회학 사전을 펼쳐 보아라.
과학대사전을 펼쳐 보아라.
법학대사전을 펼쳐 보아라.
괄호 안 한자가 얼마나 많은가.
문학대사전을 펼쳐 보아라.
인명대사전을 펼쳐 보아라.
종교대사전을 펼쳐 보아라.
국어대사전을 펼쳐 보아라.
괄호 안 한자가 얼마나 많은가.
또 무슨 사전, 무슨 사전, 무슨 사전……
사전이란 사전은 모조리 찾아보라.
괄호 안 한자가 얼마나 많은가.

괄호 안 한자가 그토록 많다는 건

결국 한자 폐지는 불가능하다는 것.
결국 한자 없이는 개념 파악이 불가능하다는 것.
결국 한자 없이는 학문 연구가 불가능하다는 것.
결국 한자 모르고는 수박 겉핥기란 것.
결국 한자 모르고는 눈뜬 장님 된다는 것.

새삼 여기서 엄숙히 묻노니,
괄호 안 한자는 누굴 위해 있는가?
이 나라의 모든 사전이란 사전은
누굴 위해 있는가?
누굴 위해 있는가?
이 나라의 모든 사람들을 위해선가?
천만에, 천만에, 천만에, 천만에!
이 나라, 이 겨레의
미래를 좌우할, 이땅의 젊은이들,
우리의 신세대를
위해서는 아니리라.
한글밖엔 모르는 신문맹세대를
위해서는 아니리라.

한글 세대를
위해서는 아니리라.

　3
여기 한·중·일 세 나라의,
대단히 똑똑하나
각자 제 나라 말밖엔 모르는
세 청년이 한 자리에 모였것다.

그런데 이것 봐라.
중·일 두 청년은
한자를 매개로
대뜸 의기 상통했다.
자못 심각한 표정도 지었고
회심의 미소를 짓기도 하였다.
서로 찬탄의 시선도 던졌고
우애를 다지는 악수도 나누었다.
한국 청년만이 벙어리 냉가슴……
한국 청년만이 개밥의 도토리……

그는 한자를 몰랐기 때문.
중 · 일 두 청년은
은근히 눈짓으로,
또는 손가락으로 머리를 가리키며,
한국 청년은 골이 비어 있어
상대가 안 된다는 단안을 내렸다.

한 · 중 · 일 세 나라는
자고로 한자 문화권에 속해 왔다.
그런데 어느 날
유독 한국만이
그 문화권에서의 일탈을 선언했다.
'한글 전용'의 그릇된 고집으로
본의 아닌 우민화를 저지른 꼴이다.
본의 아닌 쇄국을 초래한 꼴이다.
극동의 이름난 세 마리 호랑이 중
두 마리는 여전히 호랑이인데,
한 마리만 슬그머니 고양이로 바뀌었다.
문화권 밖의 국제 고아로

전락하고 만 것이다.

오오, 불쌍한 우리의 한글 세대!

   4
한자는 표의문자,
글자 하나하나에
세계가 들어 있다.
사물의 구조와 혼이 들어 있다.
'天'에는 하늘이,
'笑'에는 웃는 얼굴이 보이고,
'水'에서는 흐르는 물소리가 들린다.
'薔薇'에선 장미꽃의
모양과 빛깔과 향기마저 풍기는 듯.
'仙'은 사람이되 산에서 사는 사람.
'詩'란 언어의 사원임을 알 만하다.

왜 우리나라는 금수강산인가?
지구상에서도 특별히 이 나라는

산자수명(山紫水明)의 절경을 숱하게 지녔기 때문,
신들의 총애를 받았기 때문.

예컨대 이 나라의 산 이름들만이라도
음미해 볼 일이다.
백두산(白頭山), 금강산(金剛山),
묘향산(妙香山), 도봉산(道峯山),
수락산(水落山), 설악산(雪嶽山),
청룡산(靑龍山), 봉황산(鳳凰山),
서운산(瑞雲山), 속리산(俗離山),
만수산(萬壽山), 태백산(太白山),
천마산(天摩山), 망해산(望海山),……
(더 늘어놓을 필요는 없으리)
글자만 보아도
절로 신선이 되는 것 같구나야.

명명(命名)의 신비로움,
한자가 지닌 함축성과 표현미.
그것은 다음 사찰들의 이름을

보아도 알 만하다.

법주사(法住寺), 해인사(海印寺),

화엄사(華嚴寺), 불국사(佛國寺),

월정사(月精寺), 선운사(禪雲寺),

송광사(松廣寺), 백련사(白蓮寺),

무위사(無爲寺), 정혜사(定慧寺),

전등사(傳燈寺), 도피안사(到彼岸寺),

원각사(圓覺寺), 개운사(開運寺),

(더 열거할 필요가 있을까?)

글자만 보아도

홀연 개오(開悟)하여 해탈할 듯싶구나야.

그런데 이것들을

만약 표음문자 한글로만 표기하면

어떻게 될 것이가?

뜻은 달아나고

소리만 남는다.

혼령은 빠지고

껍질만 남는다.
신비는 증발하고,
빛깔은 퇴색하고,
감동은 사라지고,
무미건조한 기호만 남는다.
의식은 닫히고,
연상은 끊어지고,
고차원에 노닐었던
상상의 날개는
무참히 부러져서,
이차원으로
추락하고야 만다.

　5
도봉산 아래
방학동 주민들이 신선이 되자면,
학을 놓아주는 동네라는
'放鶴洞'의 한자를 되찾아야 되는 건데,
방학동 주민들은 관심이 없다.

어찌 방학동 주민들뿐이랴.
서울 시민 전체가 의식이 없다.
한글 간판에만 둘러싸여 살아선지,
한글 인명, 지명, 공문서에만
익숙해져서인지,
한국민 전체가 무감각인 것이다.
비록 시멘트 콘크리트로나마
복원된 경복궁 정문에다
'光化門' 아닌
'광화문' 편액을 달았을 때도,
또한 여태껏 그 꼴인데도,
그 앞을 지나가는 사람들 표정은
무심하기만 하다.

생각해 보라.
서울에서도 제일로 치는 자리,
인왕산을 옆에 두고
남산을 바라보는 북악산 아래,
오백 년 조선왕조 사직을 상징하는

경복궁이 있는 것을.
그런데 꿀꺽 이 땅을 삼켜버린
간악한 일제가
경복궁 정문인 광화문을 헐어냈다.
그리고 그 자리에
침략의 아성,
일본 일(日)자 모양의
조선총독부 청사를 지어
경복궁을 완전히 차단해버렸다.
생각해 보라
그 끔찍한 복마전이 해방 후엔
중앙청 되더니
오늘날엔 중앙박물관으로
둔갑하지 않았는가.
(차라리 6·25때
파괴되지 않은 것이 한이로세)
각설하고,
박정희 대통령이
구 조선총독부 청사 앞에나마

광화문을 복원한 건
대단히 잘 한 일.
하지만, 아뿔싸,
그는 어이없게도 오점을 남겼다.
경복궁 정문에 편액을 다는데,
'光化門' 아닌
'광화문' 이 무엇인가?!
그렇게 되면
그걸 복원이라 할 수는 없나니,
조상의 얼굴에다 먹칠을 한 셈이다.

생각해 보라
세계 어느 곳에
'光化門' 이란 문 이름이 있겠는가.
'빛이 화해서 된 문' 이라니,
세계 어느 곳에
그런 문이 있겠는가.
한국의 수도, 서울을 빼놓고는
세계 어디에도 그런 문은 없는 것을.   *

光化門,
光化門, 光化門 만세로다.
앞으로 빛은, 세계의 빛은,
어둠과 비참과 분쟁을 몰아내고
평화와 희망을 가져올 빛은,
이십일 세기,
통일 한국의 황홀한 수도,
서울의 한복판,
光化門에서
光化門에서
온 누리로 퍼져 나가리라.

이는 결코 말의 비약이 아니라네.
듣기에 좋으라고 하는 말이 아니라네.
한낱 시인의 환상이 아니라네.
기어이 실현될 우리의 지표라네.

요는 그러니까, 우리 한국인들,
정신을 단단히 차려야 한다는 것.

좋은 시운을 놓치지 말자는 것.
잘못은 과감히 시정해야 된다는 것.

  6
우리 나라 글자는 본래 둘이기에,
한글과 한자를 둘 다 배워서
자유롭게 혼용해야,
비로소 올바른 어문 생활을 누릴 수 있다.

한글만 알고 한자는 모른다면?
한자만 알고 한글은 모른다면?
그건 다 극단으로 치우친 경우,
한국인으로서는 반쪽에 불과하다.

양극은 피해서 중도를 가는 것이
가장 현명한 사람의 길일진대,
그런 비판적 선택을 마다하고
한쪽에 치우친 까닭이 있겠는가?   *

세종대왕(世宗大王)이 한글을 창제한 건
사람들이 저마다 쉽게 글자를 배우고 익혀
일상생활에 편하게 쓰도록……
결국 홍익인간의 사랑을 실천한 것.

한자를 몰아내어, '한글 전용'의
세상을 이룩하려 한 것은 아니었다.
아니, 처음부터 그런 생각은 꿈에도 없었다.
오히려 혼용을 이상으로 삼았었다.

※

생각해 보라.
한자는 세계의 으뜸가는 표의 문자,
한글은 세계의 으뜸가는 표음문자,
그 둘을
우리는 국자(國字)로 삼고 있으니,
한국은 얼마나 축복된 나라인가!   *

한 손으론 표의의 여의검(如意劍)을
다른 한 손으론 표음의 여의검을
쥐고 휘두를 때,
우리를 가로막는 장애는 없으리라.
우리가 탐색 못 할,
우리가 의식 못 할,
우리가 표현 못 할,
우리가 체계화시키지 못 할,
우리가 훌륭하게 창출하지 못할,
어떠한 문제도 비밀도 없으리라.
어떠한 세계도 우주도 없으리라.
어떠한 형이상도 형이하도 없으리라.
어떠한 과학도 의학도 없으리라.
어떠한 연금술도 점성술도 없으리라.
어떠한 철학도, 심리학도, 예술도,
종교도 없으리라.
어떠한 사회도, 경제도, 기술도,
정치도 없으리라.   *

한글과 한자를 적절히 혼용하면,
그 상호보완적 상승 작용으로
우리 글은 이렇듯,
무소불능 신술(神術)을 부리게 되어 있다.

   7
그런데 우리의 실상은 어떠한가?
특히 한글 세대에 대해
우리는 책임을 통감해야 한다.
그들은 자신들의
병인(病因)이 어디에 있는지도 모르거늘,
아니, 병자라는 자각도 없거늘.
그들을 그 꼴로 만든 자는 누구인가?

대학을 나온 지식인이면서도
신문에 나오는 한자도 못 읽는다.
머리가 이만저만 퇴화해 있지 않다.
한글만으로는
의미의 파악력이 박약해지기 때문.

수박 겉핥기로 흐르게 되기 때문.
설사 기민하게 머리가 돌아가도
그것은 매우 제한된 범위 내의,
그것도 반복된 훈련에 의한 결과에 불과하다.
그들과 대화를 나누어 보면 안다.
사고 방식이 얼마나 단순하고
직선적인가를.
얼마나 이분법, 흑백 논리에
사로잡혀 있는가를.
아량과 해학과 섬세성의 지독한 결여.
한마디로 지나치게 경직되어 있다.
정서도 몹시 메말라 있어,
매사에 저돌적 격렬성을 발휘한다.

오오, 가련한 우리의 한글 세대!
그들을 그 꼴로 만든 자는 누구인가?

8
이제 우리는 더 이상 우왕좌왕

방황과 실수를 일삼아선 안되겠다.
겨레의 혼령과 진리의 이름으로,
겨레의 문화와 창조의 이름으로,
지금은 단호한 결단을 내릴 때.

즉시 한자 교육을 실시하라.
선택이 아닌, 필수 과목으로.
초등학교부터 중·고교 졸업까지
천오백 자에서 이천 자 정도는
가르치고 배워야 할 의무가 있나니.
즉시 한자 교육을 실시하라.
선택이 아닌, 필수 과목으로.

한글과 한자의 적절한 혼용으로
한글과 한자의 영원한 혼용으로
우리는 기필 겨레의 활력을 되찾게 되니,
길이 이 땅에 세계에 관절(冠絶)하는
문화를 꽃피우자.

후기 : 이 시는 1992년 「한국논단」 6월호에 발표한 것인데, 이내 「문화일보」를 위시하여 여러 지면에 계속 전재되어 왔음.

해설

삼재 원융(三才 圓融)의 시 세계

장영우 (문학평론가 · 동국대 교수)

1. 저녁에 샛별과 대화하는 시인

　　하늘 아니면 땅만 보고 걷는 사람
　　유월이면 장미의 마스크를 쓰는 사람
　　가스와 소음이 제일 싫은 사람
　　가슴속에 시냇물이 흐르는 사람
　　시정(市井)에 살면서도 보이지 않게 사는 사람
　　저녁이면 금성과 통신하는 사람
　　　　　　　　　　　　　　　　－「자화상」

　박희진의 「자화상」은 우리가 익히 알고 있는 서정주나 윤동주의 「자화상」과 판이한 양상을 보여준다. 식민지 백성의 원죄의식과 다를 바 없었던 치욕과 좌절의 감정을 고통스럽게 토로한 미당의 자화상이 애비는 종이었고 자신을 키워 온 것은 팔할

이 바람이었으며 병든 수캐마냥 헐떡이며 왔다는 충격적 진술로 이루어져 있고, 윤동주의 자화상 또한 자신의 초라한 모습에 대한 증오와 연민, 그리움의 감정적 색채로 채색되어 있는 데 반해 박희진의 그것은 추악하고 번잡한 현실 저편에서 정신적 삶을 영위하는 은일지사 혹은 투명한 정신의 소유자로 묘사되고 있는 것이다. 이러한 순수한 정신주의에의 지향 때문에 이 시인이 7, 80년대의 피비린내 나는 현실을 도외시하고 있다는 일부의 비판적 지적에서 자유롭지 못하지만, 바로 그것이 박희진 시의 유다른 특징이라는 점에 대해서는 많은 사람이 동의하고 있는 것처럼 보인다.

사물을 바라보고 대하는 시인의 시선은 무명처럼 순백하고 투명해 우리를 편안하게 하면서 사물의 본질을 통찰하는 예지와 직관, 그리고 현실에 대한 날카로운 비판이 내재해 있어 우리의 긴장감을 자극한다. 위에 예시한 「자화상」에서 "가스와 소음이 제일 싫은 사람"이란 구절이 무엇을 말하는가를 설명하는 것은 췌언이 되겠거니와, "저녁이면 금성과 통신하는 사람"이란 구절에서 우리는 현세의 모든 암흑과 혼돈이 사라진 참신한 새벽을 기다리는 시인의 내적 갈망을 어렵지 않게 포착할 수 있다. 굳이 설명하기조차 생급스러운 감이 없지 않지만, 계명성은 새벽 동쪽 하늘에서 주위의 어둠이 무색할 만큼 또렷한 광채를 발산하며 새로운 아침을 예비하는 성좌이다. 그런 별자리와 저녁에 통신하는 시인은 저녁에 새벽을 보는 형안의 소유자이거나 일체의 암흑과 공포를 부정하는 예언적 지성일 수밖에 없는 것이다.

그러나 박희진 시의 본령은 뭐니뭐니 해도 동양의 유현하고 그윽한 순수와 달관의 정신세계라 할 수 있다. 특히 그의 최근 시는 불교의 공(空) 사상 또는 장자의 무위자연 사상에 깊숙이 침윤된 흔적을 보이는데, 열네번 째 시집 『연꽃 속의 부처님』(만다라, 1993)은 표제가 암시하는 바대로 선적 통찰과 직관의 세계로 일관하고 있다. 뿐만 아니라 그는 이미 어떤 깨달음의 경지에 이른 듯 고승의 어법이나 수사를 자유자재로 활용하기도 하고, 만상(萬象)을 꿰뚫어 우주가 하나가 된 법열을 토로하기도 하며 선승과의 첫 만남에서 혼과 혼의 자연스러운 교감을 경험하기도 한다. 우주와 자연의 비의(秘義)를 손에 쥔 그가 속악한 인간 세계를 멀리하고 성자(聖者)의 삶이나 소나무의 탈속적 경계에 몰입하는 것은 따라서 의당 있을 수 있는 일이다. 그러나 박희진의 시 세계에서 인간의 모습이 완전히 증발하였다고 단언한다면, 그건 옳은 판단이 아니다. 다시 말해서 박희진의 시에서 사라진 것은 부박한 일상에 부대끼며 살아가는 현대인의 왜소한 초상일 뿐이고, 맑고 투명한 정신 세계를 살아가는 거대한 인간들의 모습은 오히려 더욱 부각되어 나타난다.

박희진의 신작 시집 『몰운대의 소나무』를 관통하고 있는 시정신이 천·지·인 삼재의 원융이라는 점도 그 연속선상에서 이해할 수 있는 것이다.

2. 욕망의 소멸과 정신의 부활

한때 『四行詩三百首』(山房, 1991)라는 시집을 상재할 정도로 4행시에 매력을 느꼈던 그는 『몰운대의 소나무』에서 14행시라는 파격적 형태를 실험하고 있다. 1·2연은 각각 4행, 3·4연은 각각 3행의 4연 구성으로 이루어진 이 시편들의 형식적 특징에 대해서는 더 많은 논의가 있어야 하겠지만, 세속적 나이가 환갑을 넘었음에도 불구하고 시 형식의 실험을 멈추지 않는 것은 일부 젊은 시인들이 시류적 유행에 편승하다가 갑작스럽게 조로현상을 보이는 것과 좋은 대비를 이룬다.

환력을 지낸 이 시인의 관심을 견인하고 의식을 지배하는 것은 자아와 세계의 합일에 대한 청명한 사유 및 종교를 초월한 성자들의 순결하고 무욕한 삶에의 경배이다.

앞으로는 더욱 물샐틈없이 정진하라는,
신생(新生)의 신호인가. 그는 심신이 상쾌해졌다.
북한산은 침묵으로 이렇게 속삭였다.

「맞다네 그대, 죽을 때까지 하나로 꿰뚫어야
그대의 생애는 마침내 여의주 되리.
시의 여의주, 점이자 우주 되리」
　　　　　　－「어느 독신 시인의 회갑」 제3, 4연

왜 경건한 인도 사람들은
성자를 만났을 때 엎드려 절하며,
손으로 그의 발을 만지는지
까닭을 아는가?

사람들은 서로 얼굴을 보며
인사하게 돼 있지만,
성자의 얼굴은 신에게 가 있기에
보이는 발에나마 경배하는 것이라네.
　　　　　－「왜 경건한 인도 사람들은」 제1, 2연

독신으로 환갑을 맞은 아침, 시인은 정결한 마음으로 목욕재계한 뒤 "북한산을 단군 성조 이래/면면이 이어온 조상이라 생각하고/큰 절"을 올린다. 그때 불현듯 얼굴을 뜨겁게 적시는 눈물이 독신으로 늙어가는 자신의 신세에 대한 서글픔이나 인간성이 마멸되어 가는 세상에 대한 원망에서 우러나온 것이 아님은 말할 필요조차 없다. 그것은 평생 정결한 시심을 잃지 않고 살아온 자신에 대한 위안의 눈물이며 "앞으로는 더욱 물샐틈없이 정진하라"는 태고적 조상 또는 어떤 정신적 스승의 따뜻한 격려와 축복에 대한 내면적 반응이다.

북한산으로 표상되는 자연을 조상으로 인식하는 시인의 웅장한 상상력은 자신의 시가 인간 세상의 온갖 불의와 오욕을 정화시켜 줄 여의주로 화하고 한 개의 점이면서 동시에 우주 전체로 확장되기를 희망한다. "그 작음으로 말하자면 안이 없고(其小無內), 크기로 치자면 하늘 가장자리조차 없다(其大無垠)"는 도가적 상상력은 혼돈이 질서이며 질서가 곧 혼돈이라는 불교의 불이적 세계관과 그대로 상통하는 것이라 할 수 있다. 따라서 시인에게는 거지도 성자일 수밖에 없으며 가장 천한 발에 경배하는 인도인들이야말로 진정 신에 가깝게 다가간 거룩한 인간들로 비쳐진다. 인도의 성자 카비르가 입적했을 때 그를 추종하던

무리들 사이에서 분규가 발생하자 죽음의 자리에서 벌떡 일어나 "「시체의 절반은 매장하라/이슬람교도의 의식을 따라서/나머지는 화장을 하려므나/힌두교도의 의식을 좇아서」"(「카비르와 제자들」)라고 명쾌한 해답을 제시한 것이나, "세속의 집착을 완전히 여읜" 그리하여 "영원의 빛으로 사는 법도 있다는 걸" 일깨워 준 성녀 기리 발라를 예찬한 것 등은 세속의 부귀영화나 이욕을 위한 다툼의 허망함과 정신적 삶의 영원함을 명징하게 드러낸다.

앞에서도 잠깐 언급한 것처럼, 박희진의 '기소무내 기대무은(其小無內 其大無垠)' 또는 불이적 상상력은 우주와 자연, 자연과 인간의 교감만을 대상으로 하지 않는다. 그는 오히려 정직하고 순결한 인간의 혼과 혼이 만나는 순간의 충격적 경험과 희열을 더욱 소중하게 생각하는 듯하다. 그들 순결한 영혼의 소유자들에게는 종파(宗派)·인종·시간의 거리가 완벽하게 소멸하고 천지일기(天地一氣)이 본원적 세계만이 존재한다. 요가 수행자 파라마한사 요가난다와 테레즈 노이만 수녀와의 영적인 만남이라든가(「테레즈 노이만 수녀와의 대화」), 광옥과 문길의 잘 알려진 지음(知音) 고사(「무제」) 같은 것은 초탈한 인간의 정신 세계가 얼마나 유현하고 그윽한 향기를 간직하고 있는지를 설명해 주는 전범

적인 예다. 그러므로 이 시인이 "불암은 크나큰 연꽃자리로 바꾀고,/본래청정을 되찾은 이몸이/빛뿜고 있다 해서 이상할 게 있으랴"(「불암산」)고 자못 거드름을 피우는 태도가 별로 어색하게 여겨지지 않는 것도 동양적 정신주의에 대한 공감에서 연유하는 것이다.

그런 점에서 시인이 자연을 훼손하는 인간들에게 "명심하라, 악한이여. 너 당장 벼락을/맞지 않았다고 무사할 줄 아는가"(「죄와 벌」)고 강렬한 어조의 비난을 쏟아붓는 것이나, "오오, 맙소사, 인간이 이처럼 자연 모독에/익숙해지고, 무감각해졌다니!"(「충격적 비보」)하고 통탄하는 것 등은 인간과 자연이 결국 하나라는 사실, 즉 천지인 삼재 원융의 정신의 강조와 진배없다. 광대무변한 우주를 구성하는 기본 요소인 하늘과 땅과 사람이 하나로 융섭되는 세계에서 모든 인간은 선남선녀가 되고, 그들의 정신은 투명해지며, 삼차원적 세계의 경계는 전혀 무의미한 것이 된다. 자아와 세계, 주체와 객체, 너와 나의 분별을 잊은 상태는 하늘의 신기(神氣)와 땅의 영기(靈氣) 그리고 무염(無染)한 인간의 정신이 막힘 없이 교통하여 혼탁한 세상을 무릉도원으로 인식하게 하는 견인차 역할을 한다.

3. 신기(神氣)와 영기(靈氣)의 조화

『몰운대의 소나무』에서 시인은 가까이는 도봉산에서 멀게는 민족의 성지 백두산까지 쉽없이 여행한다. 그는 때로 혼자 길을 떠나는 경우도 있지만 대개 선녀들과 함께 산을 오르고 강가를 거닐며 "백 년을 일순에 꿰뚫은 소나무들"(「안면도의 소나무」)을 바라보기도 하고 "삼차원에서/사차원 속으로 뛰어든"(「사월 어느 날」) 것 같은 신비 체험을 경험한다. 이럴 때의 시인은 갈 데 없이 신선(그는 자신과 여행하는 여성들을 항시 선녀라 호칭하고 있는데, 선녀를 대동학고 명산 대천을 주유하는 사람이 어찌 세속적 욕망에 찌든 추레한 사내일 수 있으랴!) 또는 사사무애(事事無碍)의 경지에 도달한 자유인의 모습 그대로이다.

> 그 물고기의 정체는 무엇일까?
> 어쩌면 그것은 하늘로 솟구치는,
> 등용(登龍) 직전의 거대한 잉어 같은
> 북한산 인수봉의 정령이었을까?
> 또는 사사무애(事事無碍)란
> 이러한 것이라는,
> 대자유 앞에서는

차원의 한계도 사라지고 만다는
암시였을까?

-「체험」부분

비는 멎었지만 잔뜩 흐린 삼각산의 풍경을 바라보던 시인의 눈에 갑자기 "길이 3미터, 폭 50센티쯤"의 흰 물고기가 공중에서 홀가분하게 유영하는 모습이 들어온다. 처음에는 환각이 아닌가 여겼던 시인이 물고기의 출현을 재차 기원하자 또 다시 모습을 드러냈다 사라진 물고기의 모습을 그는 "북한산 인수봉의 정령"이거나 차원의 한계를 초월한 대자유인의 경계로 해석하고 있는 것이다. 필자 같은 청맹과니로서야 이런 영적 체험을 기대하지도 못하고 그 경지가 어떤 것인지 땅뜀도 못하지만 어쨌거나 시인은 자신을 신선으로 주변의 여성을 선녀로 확신하면서 한국의 명산대천을 유유자적하며 무애행을 즐긴다.

경상북도 울진군 평해면 월송리,
솔밭 지나 나타나는 정자라서 월송정인가.
다시 솔밭 건너 망망 창파 위엔
갈매기떼 노니는데. 동천(東天)엔 낮달이,

서천(西天)엔 석양이, 정자 안엔 백발 노시인과
두 선녀가 포즈를 취하네요.
보이지 않는 손길의 카메라가 그들 앞에 놓였기에,
지금, 이 시간 속의 영원을 찍으려는.

-「월송정」

  박희진이 한국의 산과 소나무에 쏟는 애정과 거기서 느끼는 감격은 자못 특별한 바가 있어 보인다. 좀더 자세히 말하자면, 그는 한국의 소나무숲을 거닐며 "하늘에선 신기(神氣) 받고/땅에선 영기(靈氣) 받아" "비로소 순인간(純人間)"이 되고 "저절로 도인 된다".(「안면도의 소나무」). 그것은 한국의 소나무가 "생명의 근원" 또는 "우주의 중심"이어서 "삼라만상이 그와 더불어/숨쉬는 까닭이다."(「몰운대의 소나무」) 소나무가 생명의 근원이고 우주의 중심이라는 통찰은 자연과 인간이 하나가 되는 이른바 물아일체의 저 유서 깊은 동양적 자유자재의 정신적 지평이 아니면 이해하기 곤란한 것이다. 어쩌면 이 시인은 동양의 옛 현인 장주(莊周)의 "지인은 물아의 구별이 없다(至人無己)"거나, 중니(仲尼)의 "도는 허한 데서 모일 따름이니 허한 게 곧 마음의 재계(唯道集虛 虛者心齋也)"라는 말의 속 뜻을 두루 꿰뚫고 있을 뿐만 아니

라 실제로 체험하고 있는지도 모를 일이다. 그래서 그는

> 나의 머릿속은
> 가을의 벽공(碧空)인 양
> 그저 텅 비워져 있었건만,
> 그동안 어쩌면 도솔천의 높이로
> 가 있었던 모양
> ―「강원도 청태산 잣나무 숲 속에서」부분

이라는 정신적 비상과 초월의 경험을 노래하기도 하고, "거송은 현실인가, 초현실인가./노송은 시간인가, 초시간인가."(「의림지의 소나무」)라며 과거와 현재의 경계가 소멸되어 신운(神韻)을 온몸으로 느끼는 찰나의 충격적 깨달음을 고백하기도 한다. 연하고질(烟霞痼疾)을 자연삼매(自然三昧)의 차원으로 승화시킨 시인의 정신 세계의 심연과 광활은 삼라만상에 대한 대긍정을 지향하는 한편, 번쇄(煩碎)한 일상사 혹은 끝 모를 인간의 탐욕에 관하여는 가차없는 독설과 분노를 터뜨리는 양면성을 보여준다.

사람은 사람의 시체를 뜯어 먹기도 하나니.

그 게걸스러움, 가공할 식욕.
만물의 영장이기는커녕
유사(有史) 이래 지구상 최악의 추물이지.
괴물 중의 괴물이지.
　　　　　－「더 늦기 전에 각성하세 인간이여」 부분

『몰운대의 소나무』에서 자연을 망치는 일부 집단을 질타하는 내용의 작품은 서너 수에 불과해 별다른 의미를 부여하지않아도 좋을지 모르겠다. 하지만 이런 시편들에서 우리는 삼재 원융의 세계와 대척점에 서 있는, 말을 바꾸면 탐진치의 삼독에 물든 인간들의 추악한 모습을 만나게 되고 그들에 대한 시인의 분노와 연민을 읽을 수 있기에 결코 간과할 수만은 없을 것으로 보인다. 자연을 내 몸과 같이 여기는 시인에게 그들이 다만 자연의 훼손자에 그치는 게 아니라 자아와 우주를 부정하고 괴멸시키는 인류 역사상 가장 가증스러운 파괴자요 "지구상 최악의 추물"로 여겨지는 것은 당연한 귀결이 아닐 수 없다. 하늘과 땅과 인간의 기운이 하나가 될 때 비로소 인간 본성의 순연함을 회복하고 적멸위락(寂滅爲樂)의 성스러움에 도달할 수 있다고 믿는 시인에게 그들의 자연 파괴는 그대로 신성 모독 행위로밖에

여겨지지 않을 터이기 때문이다.

 그러나 시인의 천지인 삼재 원융사상을 십분 감안하더라도, 이 시집에서 인간의 유형을 극단적으로 대비시킨 것은 문제가 있어 보인다. 말하자면 이 시집에는 여항(閭巷)에서 살아가는 인간들의 모습은 거의 보이지않고 자연에 몰입하거나 그와는 정반대의 행태를 보이는 인간의 유형만 대립적으로 묘사되고 있어 독자의 충분한 공감을 자아내기 어렵다고 여겨지는 것이다. 병석에 누운 유마힐 거사가 수보리를 위시한 십대제자의 병문안을 받은 것이나 신라시대의 성승(聖僧) 원효가 천여 년 후에도 여전히 존숭의 대상이 되는 까닭은 그들이, 진부한 표현대로, 진흙 속에서 찬연한 연꽃을 피웠기에 가능한 일이었다는 점은 새삼 강조해도 좋으리라. 삼재의 원융은 이 우주를 구성하는 모든 요소의 종합과 조화를 통해 이루어지는 것이어야지, 무엇을 부정하고 거부하는 선별적 독선이어서는 안 된다. 이 시집에서 삶의 시궁창 속에 몸담고 있으면서도 인간에 대한 근원적 사랑과 연민의 감정을 잃지 않는 우리 이웃들의 훈훈한 온기를 체감할 수 없어 아쉬운 것은 비단 필자만이 아닐 터이다.

4. 시궁창의 연꽃을 피우기 위하여

「마이산 시편」·「신년시 기타」 등 이 시집의 뒷부분에 수록되어 있는 작품들은 소백산맥 자락의 평균 고도 500미터를 헤아리는 진안고원 마이산의 산수와 거기에 탑을 이룬 이갑룡이라는 실존적 인물에 대한 찬가, 신년시, 그리고 「한글과 한자의 영원한 혼용을 위하여」라는 제목의 장시로 엮어져 다소 산만한 인상을 준다. 한 가지 특이한 사실은 박희진이 소나무를 "생명의 근원"이자 "우주의 중심"으로 여기듯, 마이산을 "우리 배달겨레 전체의 성지요,/참회도량이며, 기도처"(「마이산 탑사와 이갑룡」)로 인식한다는 점이다. 그것은 마이산에 얽힌 전설이 유별나기 때문이기도 하지만, 무엇보다 그곳에 조성된 팔십여 기의 석탑과 그 탑을 손수 조성한 이갑룡에 대한 경외감에서 비롯된 것이다. 「마이산 탑사와 이갑룡」은 1860년 임실에서 태어난 이갑룡이 25세 되던 해 산신의 계시를 받고 마이산에 돌탑을 쌓게 된 내력과 그 탑의 역사적 의미를 서술한 장시이다. 시인은 이갑룡의 신이한 행적을 소상하게 기술하는 한편, 석탑의 의의를 다소 과장된 어조로 노래한다.

단군 성조 이래 면면히 이어온 현묘한 도,

천지의 기운과 진인의 기운은 둘이 아니매,
천·지·인 삼재의 균형과 조화, 그것을 찬미하고
그것을 증거할 방도는 무엇일까?

그때 탑의 조성이라는 영감이 떠올랐다.
그렇다, 탑을, 그것도 이왕이면
만불탑을 세워 보자. 억조창생 구원과
만국 평화 기원하여.
-「마이산 탑사와 이갑룡」 부분

위 인용 부분에는 『몰운대의 소나무』를 일관하는 사상이 요약되어 있는 것으로 생각된다. 다시 말해 이 시는 현묘지도(玄妙之道:화랑의 풍류 정신), 천지인 삼재의 균형과 조화, 억조창생 구원과 만국 평화 등 시대를 관통하고 세계를 포괄할 만한 한민족의 얼과 사상이 한데 어우러져 민족의 수난을 증거하고 그 극복 방법을 제시하고 있는 것이다.

박희진의 시가 천지인 삼재의 조화와 원융이라는 동양의 유현한 정신 세계를 기반으로 하고 있다는 것은 지금까지 살펴본 그대로이다. 자연을 정복의 대상으로 인식하기보다 자연과의 합일을 통한 무위자연 혹은 물아일체의 삶을 소망하는것은 우리의 문학적 전통을 고려할 때 대단히 친숙한 주제 가운데 하나다. 특히 성리학을 국가의 통치 이념과 개인의 수양 덕목으로 내세운 조선조 유학자들의 시가 작품은 거의 이러한 주제에 바탕하고 있다 해도 지나치지 않다.

그러나 조선조 성리학들의 자연회귀 사상이 현실과 유리된 관념의 산물이라는 비판에 무방비하게 노출되는 것처럼, 박희진의 시 또한 이러한 지적에서 완전히 자유롭지 못하다. 그것은 시인의 삼재원융의 정신이 신비주의로 경도되거나 비현실적 공상의 산물이어서가 아니라, 혼돈스러운 현실의 와중에서도 참된 사랑의 씨앗을 소중하게 간직하고 움을 틔우는 평범한 사람들의 삶을 괄호 속에 묶어 두고 있기 때문이다. 하늘과 땅과 사람이 하나의 기로 연결된다는 삼재원융의 사상이야말로 세상의 온갖 갈등과 불화를 무화시키는 절대 긍정의 세계관이라 할 수 있다. 『몰운대의 소나무』에 구현된 삼재 원융의 시 세계가 보다 구체적이고 현실적인 공감을 확보하기 위해 여항간 초동급부의 진솔한 삶의 반영이 요구되는 것도 전적으로 이런 사정과 관련되는 것이다

해설

우이동 시대의 두 화두
—'자연' 그리고 '풍류도'

조 환 수

1

　박희진 선생은 1986년 열여섯 해의 안암동 시대를 마감하고 백운대, 만경대, 인수봉이 마주보이는 풍광 수려한 우이동(행정 구역상으로는 쌍문1동) 언덕으로 거처를 옮기면서 시작 생애의 『후기』를 시작한다. 바로 이 『후기』의 들머리를 영예롭게 장식하는 두 시집 '북한산 진달래'⟨1990⟩와 '몰운대의 소나무' ⟨1995⟩는 전시대의 『초기 시집』(1976년까지 나온 4권 시집 묶음)과 『중기 시집』(이후의 5권 시집 묶음)에서 펼쳐진 선생의 거대한 사유 체계가 또다시 한 차원 높은 세계를 향해 확산·도약하였음을 보여준다. 안암동 시대까지의 주요 화두가 '인간의 삶'이었다면 우이동 시대에는 그것이 '자연'으로 그리고 인간과 자연의 조화를 의미하는 '풍류도'로 확장된다. 물론 '자연'

과 '풍류도'의 관념이 어느 날 갑자기 나타난 것이 아니라 이미 전시대부터 그 틀이 형성돼 오고 있던 것이기는 하나 선생은 이 무렵에 이르러 각별히 그 두 화두에 몰두하여 시 세계의 외연을 증폭하고 내포를 다층화한다. '박희진 전집' 제3권 『후기시집 I』로 묶인 위의 두 시집과, 이와 동시에 '전집' 제4권 『후기시집 II』로 정리된 '화랑영가'〈1999〉, '동강 십이경'〈1999〉, '하늘·땅·사람'〈2000〉은 '자연'과 '풍류도'라는 사상적 배경을 함께하는 시집들로서 한마디로 우이동 시대 전기(20세기에 해당함)의 '자연·풍류도 5부작'이라 할 만하다. (앞으로 '박희진 전집' 제7권으로 개편·출간될 '백사백경'〈1999〉 역시 같은 맥락에서 이해할 시집으로서 이까지 포함하면 '자연·풍류도 6부작'이라는 지칭도 가능한데, 사실 '박희진 전집' 제10권과 제11권으로 계획되어 있는 『후기시집 III』과 『후기시집 IV』에 포함될 6~7권의 시집들도 같은 사상의 동심원 안에 있다.)

자연과 인간의 관계를 이해하는 방식은 동양과 서양이 큰 차이를 보인다. 신을 중심으로 천사·인간·자연이 단계적 층위를 이루는 것으로 보아 온 그리스도교 사상에 따르면 자연은 신이 부장해 준 인간의 영원한 지배 대상이 되고, 근대 합리주의 사상에 바탕을 둔 기계론적 결정론의 시각에서 바라보면 자연은 인간 이성의 해석과 개입을 기다리는 물질 객체가 된다. 유물론자들은 자연을 인간의 역사와 사회를 규정하는 하부 구조의 물적 토대로 보았다. 서양에도 자연을 인간의 삶과 유기적

연관성이 있는 생명 현상이자 생명체가 살아가는 터전으로 보는 생태론적 안목이 있기는 하지만, 이는 어디까지나 동양 사상의 영향을 바탕으로 자라난 관점으로서 굳이 서양 것이라 하기도 곤란하다. 이처럼 서양에서는 대체로 자연과 인간을 객체 대 주체의 대립 개념으로 파악해 왔다. 반면에 동양에서는 자연과 인간의 대립을 거부한다. 본래 '천지' 또는 '우주'로 표현되어 온 자연은 참으로 '스스로 그러하게(自然 ; 명사 'nature'가 아니라 형용어로 쓰인 말임)' 존재하는 모든 것으로서, 인간을 포함하는 전체인 동시에 인간 안에 들어와 있는 전일동일체(全一同一體)의 세계이자 관념이다. 그렇기에 동양 사회에서는 '내가 곧 자연이요, 자연이 곧 나다.' 하는 명제가 지극히 자연스럽게 받아들여져 왔다. 유가든 도가든 불가든 원시 자연 종교든, 동양의 관념 체계에서는 자연의 이치에 순응하여 그 순수한 본질에 가까이 가는 것을 인간 삶의 이상으로 쳐 왔다. 순천(順天)하고 무위(無爲)하는, 그리하여 어떤 상황에서든 무애자적(無礙自適)할 줄 아는 이야말로 한 인간에게 기대되는 품성의 극한치까지 도달한 사람으로 인정되었다. 특히 산수가 수려하고 사계절 변화가 뚜렷한 자연 환경에서 살아온 한국인은 자연의 이치와 세월의 흐름에 순응하는 삶, 천리와 인욕을 일치시키는 삶이 체질화되어 있었다.

한국인은 집터를 잡을 때부터 집을 짓고 가꾸어 그 안에서 살아가다 죽을 때까지 모든 행위의 규준을 자연에 두었다. 맑은 기운과 바람이 흐르고 순한 물이 기름진 땅을 적셔 주며 산과 들과 시내가 적절히 조화를 이루는 곳을 찾아, 자연 조건과 가장 잘 조화하는 방위와 형태로 집을 짓고, 그 안에서 자연과 하나가 되는 삶을 사는 게 교양 있는 한국인의 보편적 희망사항이었다. '십 년을 경영하여 초려 한 간 지어내니/ 반 간은 청풍이요 반 간은 명월이라/ 강산은 들일 데 없어 둘러 두고 보리라.' 하던 옛 선비의 시경은 바로 이와 같은 삶의 자연 일치성을 잘 보여준다. 어디 집 지을 때뿐이겠는가. 음식도, 의복도, 음악도, 미술도 다 같은 맥락에서 이해된다. 젓대에서 흘러나오는 '청성곡' 한 줄기는 영혼 깊은 곳까지 청량하게 씻어 주는 대숲의 바람소리요 높푸른 가을 하늘 그 무한 천공에서 유유히 흘러가는 새털구름의 숨결이다. 우리는 술 한 잔을 마셔도 물가에서 마시기를 즐겼고, 복잡하게 얽히는 인간사를 풀 때에도 먼저 자연의 도를 생각하였다. ― 한국인이 그렇게 자신을 일치시키고자 해 온 자연의 리듬 내지는 자연의 도를 일컬어 '풍류도(風流道)'라 한다.

박희진 선생의 자연관은 동양의 전통적 자연관과 맥을 같이 하는 것으로서 풍류도 정신의 핵심인 천·지·인 삼재(天地人三才) 사상으로 통한다. 〈최치원이 '나라에 현묘한 도가 있으니 풍류라 한다'했을 때의 풍류 정신, 그것은 바로 천·지·인 삼재의 절묘한 균형과 조화에 대한 찬미인 것이며, 그것의 유지 발전을 꾀하려는 슬기로움인 것이다. 천지 즉 자연이 인간을 낳

앟고 인간은 또한 문명을 낳았으니 자연과 인간과 문명은 기실 한 생명선상에 있는 것으로서, 유기체적 연관을 보전해야 마땅하다. 그러자면 인간이 자연과 문명의 양자 사이에서 양자를 슬기롭게 조절할 줄 알아야, 천·지(자연)와 인(인간+문명)은 그 본래의 삼재로서의 균형과 조화를 유지할 수 있으련만, 오늘의 실상은 이와는 너무도 동떨어져 있는 것이 심히 안타깝다.〉 하는 시집 '북한산 진달래' 서문의 표백에서도 알 수 있듯이, 선생의 최대 관심사는 '인간과 어우러진 자연'이요 '자연과 어우러진 인간'이다. 우주를 구성하는 세 요소 가운데 하늘과 땅은 본래의 청정함과 품격을 유지하고 있는 데 반해 인간은 그 기품의 범주로부터 일탈하길 꾀하는 문제아적 본질을 지니고 있다. 인간도 분명히 자연의 일부거늘, 삼재 가운데 유독 인간만이 기품 전락의 가능성을 안고 있는 것이다. 옛사람들이 끊임없이 산수의 맑은 본질에 걸맞도록 자신을 담금질하고 경계하였던 것도 다 그런 인간의 약점을 간파했기 때문이었으리라. 본래 자연인 인간은, 자신이 자연임에도 불구하고 잃어버린 자연의 품격을 회복할 때 진정한 생명력과 자기충족성을 찾을 수 있다. 박희진 선생은 바로 그와 같은 인간과 자연 사이의 묘리를 생리적으로 꿰뚫어보고, 인간이 자연의 품격을 되찾아야만 삼재의 하나로서 당당히 천·지와 어울릴 수 있다는 점을 설파하고 있다.

〈하늘과 땅을 우리는 한마디로 자연이라고 말해 왔습니다. 그러나 천·지만이 자연은 아닙니다. 사람도 실은 자연에 속해 있는, 자연의 일부임을 알아야 합니다. 그러기에 자연은 인간 밖에만 있는 것이 아닙니다. 인간 안에도 자연이 있습니다. 자연이 갖고 있는 온갖 물질적 요소는 또한 인간 안에도 있다는 말입니다. 쉽게 말해서, 지·수·화·풍은 내 안에도 있습니다. 내가 추운 것은 내 안의 불이 부족한 탓입니다. 내가 목마른 것은 내 안의 물이 아쉬운 탓입니다. 내가 그 목마름을 해결하려면, 내 안에 잦아든 물과 밖에 있는 물이 만나야 합니다. 나의 타는 입술이 맑고 시원한 샘물에 닿는 순간 나는 다시 소생하게 됩니다. 삶의 축복을 받게 되는 것입니다. 인간과 자연의 뿌리는 같습니다. 인간 안의 자연과 밖에 있는 자연이 하나로 통했을 때, 인간의 자아는 우주적 자아로 확충될 수 있습니다. 삶의 뜻과 기쁨과 보람을 최대한으로 실현할 수 있습니다. 그러기에 인간은 자연을 보호하여야 하며, 자연과의 밀접한 친화를 유지해 나가야 합니다. 자연에 대해서 겸허한 자세와 존중하는 마음을 갖는 것이 도리일 것입니다. 나아가서는, 천지 자연에 구석구석 스며 있는 신령한 힘, 초자연의 섭리에 대해 외경의 마음을 품는 것이 만물의 영장인 인간으로서의 인간다움이 아닐까 합니다. …(중략)… 인산 본연의 삶이라는 것은 이 문명과 자연의 조화 속에 인간이 인간다운, 즉 천·지·인 삼재의 하나다운 균형감각을 유지해 가며 슬기롭고 평화롭게 풍요한 삶을 누려가는 일이라고 생각합니다.〉〈산문 '본연의 삶' 중에서〉

2

오늘은 아주 길하디길한 날,
구름 한 점 없는 날,
청정한 날이로세.
동쪽의 해와 서쪽의 달이
마주 바라보며 웃는 날이로세.
파아란 하늘 아래
산은 홍록의 자태를 드러내고,
계곡 물엔 티 하나 근접을 못하는 날,
사람들이 저마다
거울 속처럼 환히 드러나는
영혼을 서로 비춰보는 날이로세.
아아, 더없이 아름다운 날이로세.
찬미할진저, 찬미할진저.
천지만물이 시간 속에 있으면서
그냥 그대로,
영원의 모습으로 빛나고 있음이여!
해도 오너라, 달도 오너라.
사슴도 거북도 학도 오너라.
대나무도 소나무도 바위도 오너라.
우리 모두 손잡고 춤추며 노래하세.

이 좋은 날,

빛뿜는 날을.　　　〈'추일영가(秋日靈歌)' 전문〉

　하늘이 몹시 맑은 어느 가을날 시인은 자연의 신령한 기운을 온몸으로 빨아들이며 생명의 충족감을 이렇게 노래하였다. 세속의 삶을 살아가는 보통 사람들에게 '길하디길한 날' 곧 복되고 복된 날이란 아무래도 인간사에 얽혀 있는 문제의 해결 내지 뜻하지 않은 행운의 발생과 연결된다. 이를테면 금전·권력·지위·명예와 관련된 개인·가족 단위 또는 사회 차원의 성취나 행운과 이어져 있는 것이다. 그러나 박희진 선생의 시 세계에서 어느 하루가 '길하디길한 날'이 되는 조건은 지극히 단순하고 소박하다. 구름 한 점 없이 하늘이 청정하기만 하면 된다. 그런 날이라면 해와 달이 마주보며 웃게 되고, 사람들은 저마다 거울 속처럼 환히 드러나는 영혼을 서로 비춰볼 수 있게 된다. 자신의 영혼을 관찰하는 눈에는 일말의 분심잡념도 없고, 자신의 영혼을 남에게 드러내는 마음에는 추호의 협잡도 없다. 오직 맑고 시원한 자연의 에너지가 흘러가는 대로, 즉 풍류(風流)하는 대로 자신을 내맡기면 그것으로 족하다. 그러면 '나'와 '너'와 '그'와 '천지'의 경계가 허물어지고 모두 하나 되는 원융무애의 경지가 열리는데, 거기서는 천지 만물이 시간 속에 있으면서 그냥 그대로 영원의 모습으로 빛난다. 삼라만상이 불멸의 존재성을 획득하게 되는 것이니, 제행무상(諸行無常)이라는 존재의 제약성이 간단히 극복된다. 이제 자연은 길고 인생은 짧을 것도, 인생과 세상사가 덧없을 것도 없이 '나'와 '너'와 '자연'이 완전한 자기충족 속에서 한데 어우러져 찬란한 빛을 뿜게 된다. ― '우주의 중심에 소나무가 있나니./ 해와 달을 번갈아 떠올리며 노나니./ 비 바람 눈 서리로 목욕을 하나니./ 바닷물은 발치에 찰랑이게 하나니./ 산들은 목을 빼어 엿보게 하나니./ 때로 심심하면 학을 부르나니./ 신명나게 거문고 가락을 타나니./ 학은 가락 따라 무애춤 추나니./ 흰 구름도 모여들어 어우러지나니./ 대나무도 우줄우줄 어깻짓하나니./ 바위도 덩달아 흥이 이나니./ 불로초도 가만가만 발돋움하나니./ 폭포는 쉴 새 없이 떨어져 흐르나니./ 바다에선 거북이가 기어 나오나니./ 산에선 사슴이 뛰어 나오나니./ 무르익은 천도가 툭 떨어지나니./ 우주의 중심에 소나무가 있나니.'〈'십장생신명가(十長生神明歌)' 전문〉

일반 상식으로 볼 때 〈추일영가〉나 〈십장생신명가〉에서 펼쳐지는 이러한 경지는 관념의 영역에서나 있을 수 있는 것으로 이해되겠지만, 한 차원 진화한 눈을 상정하게 되면 그것이 단순히 관념이 아니라 현실과 관념이 맞물리는 곳에서 실제로 일어나는 현상일 수도 있음을 인정하는 것이 불가능하지만은 않다. 어디 학과 구름과 나무와 하나 되어 춤추는 경지뿐이겠는가? 심지어는 '당신은 전혀 아무것도 먹지 않습니까?/ 예, 매일 아침 여섯 시의 영성체 말고는요./ 성체는 얼마나 큽니까?/ 종이처럼 얇고 크기는 작은 동전만하지요.// 십이 년 동안 그것만 먹고 사신 건 아니겠죠?/ 저는 하느님의 빛으로 삽니다.'〈'테레즈 노이즈만 수녀와의 대화' 중에서〉하는 경우가 실제일 수도 있고, '오십육 년 이상이나 아무것도 안 먹고/ 물도 안 마시고 살아 온 여자 요기,/ …(중략)… // "당신은 공기와 햇빛이라는 더 좋은 에너지,/ 숨골을 통해서 당신의 몸을 재충전시키는/ 우주 에너지로부터 영양을 공급받죠."// 오, 신이 주시는 내면의 양식,/ 영원의 빛으로 사는 법도 있다는 걸/ 일깨워주고 있는 성녀 기리 발라.'〈'성녀 기리 발라' 중에서〉같은 경우도 있을 수 있다. 그 '초현실'이 합리적 이해의 유보를 요구하는 것 같기도 하나, 사실은 그러한 경지까지도 초현실이 아니라 현실일 수 있다는 것이 진화한 눈의 깨우침이다. 그것은 '천 길 낭떠러지, 거암에 깊숙이 뿌리를 내려 지기(地氣)를 빨아올리고', '아울러 그의 무수한 솔잎으론 하늘의 푸르름, 천기(天氣)를 받아들'이는 〈몰운대의 소나무〉를 순수한 마음으로 바라볼 줄 아는 눈이라면 충분히 이해할 수 있는 경지다. 테레즈 노이즈만 수녀의 '하느님의 빛'이나 성녀 기리 발라의 '영원의 빛'은 결국 '천기' 곧 저 높은 하늘로부터 공급되는 생명의 기운 곧 공기(空氣)가 아니겠는가? 그러니까 우리는 숨쉬기 하나만을 정관해도 현실의 초현실성을 확인할 수 있다.

  살아 있고자 하는 몸은 모두 숨을 쉰다. 동식물은 물론 흙, 바위, 시냇물도 살아 있기 위해서는 숨을 쉰다. 숨쉬지 못하는 돌은 풍화 작용을 멈추고, 숨쉬지 못하는 물은 썩어 버린다. 생물이든 무생물이든 숨을 쉬는 동안만 살아 있음을 주장할 수 있다. 숨을 쉰다는 것은 살아 있는 몸이 천지간에 퍼져있는 생명의 기운을 들이마시고 제 몸의 죽은 기운을 내뱉는 작용이다. 무릇 천지간에 생겨나 살아가는 존재는 모두 그 태어남 안에 이미 죽음을 예비하고 있어 끊임없이 죽음의 기운을 몸 밖으로 내보내지 않고서는 삶을 유지할 수 없다. 그런데 몸 안에 있는 죽음의 기운은 몸 밖에 있는 생명의 기운이 들어와야 비로소 몸 밖으로 나갈 수 있다. 모든 생명체는 몸 밖의 생명을 더 이상 받아들일 수 없게 되었을 때, 곧 몸 안의 죽음을 더 이상 몸 밖으로 몰아낼 수 없게 되었을 때 삶을 끝마치게 된다. 이것이 삶과 죽음의 관계인데, 숨쉬기에 생기는 이상에는 두 가지가 있다. 하나는 몸이 스스로 약해져서 몸 밖의 공기를 들이마시기 어렵게 된 경우요 다른 하나는 몸 밖의 공기가 생명의 기운을 잃어 아무리 그것을 들이마셔도 몸 안의 죽음을 제대로 내보낼 수 없게 된 경우다. 앞엣것은 살아 있는 몸이면 누구나 맞이하는 운명이나, 뒤엣것은 비정상으로 생겨난 악이 천지간에 충만하게 되었을 때 살아 있는 몸이 받게 되는 재앙이다. 생명의 기운이 빠진 바람은 더 이상 살아 있는 몸의 근원이 될 수 없다. 죽은 공기는 몸 안의 죽음을 몰아낼 수 없고 오히려 몸 안의 죽음에 힘을 보탠다. 굴뚝 언저리에서 풀이 자라지 못하는 것은 굴뚝에서 나오는 연기에 생명의 기운이 없기 때문이다. 연기는 장작의 생명력이 따스한 불로 화한 후 그 안의 찌꺼기, 죽음의 기운만이 남아서 응결된 것이다. 그러나 매운 연기에 숨이 막혀 정신이 몽롱해졌다가도 맑은 바람 한 줄기, 생명의 풍류를 만나면 다시 기운이 살아난다. 박희진 선생에게, 청명한 하늘은 곧 생명의 풍류가 천지를 가득 채우고 있음을 의미한다. 따라서 하늘이 청명한 날이면 시인은 만물의 생명력이 극도로 신장하면서 일체의 기적이 현실이 되고 일체의 현실이 기적이 되는 신비를 본다. 시인이, 그리고 우리가 천지 자연과 하나가 되는 신비는 이처럼 단순하다. 그것은 '생명의 근원, 흙·물·불·바람은 그의 외부에만 있는 게 아니라 내부에도 있'기〈'몰운대의 소나무' 중에서〉 때문이다. 즉 천지인이 일기(一氣)로 꿰뚫리기 때문이다. 우리 몸 내부에 물이 부족할 때 외부의 물을 요구하는 것도 같은 이치에서 비롯한 신비의 하나다. 신비는 황홀을 부른다.
— '태양이 화마 되어/ 불볕더위가 만물을 억압하면/ 고사 직전에 이르게 하면/ 몰운대의 소나무,/ 그의 내부의 잦아진 물은/ 외부의 물과 만나기 위해/ …(중략)… /천길 낭떠러지, 거암의 발치 아래/ 그 속 모를 벽담의 마지막 한 방울까지/ 뿌리로 빨아올리기도 하고,/ 먹구름 모여들어 천둥번개 치게/ 그 백금의 바늘 끝 같은/ 솔잎들을 곤두세워 하늘을 찌른다./ 보이지 않는 은하수에게까지/ 긴급 신호를 보내는 것이다.// …(중략)… // …주룩주룩 빗줄기가/ 차츰 세차게 내리면 내릴수록/ 몰운대의 소나무는/ 미친 듯 춤을 춘다./ 그의 내부의 잦아진 물이/ 외부의 물과 만나서 하나 되는/ 해갈의 기쁨, 소생의 기쁨으로/ 온몸이

구석구석 유연해진 소나무는/ 신축자재로운 무애춤 춘다.'

〈'몰운대의 소나무' 중에서〉

3

  생명의 기운은 공기[風]와 물[水]에만 있는 것이 아니다. 땅[地]에도 있고, 땅에 스며드는 햇볕[火]에도 있다. 공기와 태양의 에너지가 하늘의 기운이라면 흙과 물의 에너지는 땅의 기운이다. 땅은 그 안에 물을 품고 돌을 품고 생의 자양분을 품고 있다. 풀과 나무의 뿌리는 땅속에서 먹이를 찾아 뻗어나가고 땅위에 생육하는 동물들은 풀과 나무를 먹이로 하여 살아간다. 하늘이 살아 있는 기운의 원천이라면, 땅은 살아 있는 몸이 필요한 자양의 근원이자 삶의 터전이다. 땅은 모든 것을 넉넉하게 품어준다. 생명의 순환도 땅에서 시작한다. 살아 있는 모든 몸은 흙에서 나와 흙으로 돌아간다. 땅은 만물이 얼어붙어 생장을 멈추었을 때 그 안에 생명력을 모아 갈무리하고 따스한 기운으로 새로운 생명의 발아를 준비한다. 따뜻한 바람이 눈과 얼음을 녹일 즈음 촉촉한 봄비가 지표를 두드리면 대지는 닫혔던 문을 열고 겨우내 흙 속에 묻어 두었던 생명을 움틔운다. 이제부터 생명의 축제가 시작된다. 천지간의 현상 가운데 기적 아닌 것은 없다지만 검은 흙에서 연둣빛 새싹이 움터 나오는 것은 기적 중의 기적이다. 생명의 마술이다. 땅 속의 물과 자양분, 그리고 땅에 스며든 불이 합작하는 기적이다. 땅은 새 생명을 생육시키는 무한한 밭이니, 곧 생명의 어머니다. 하늘에 아무리 생명의 기운이 충만해 있다 해도 거기에 깃들어 살 수 있는 몸은 없다. 살아 있는 몸이 깃들기 위해서는 발판이 필요하다. 하늘을 나는 까치도 구름 속에 집을 짓지 않고 나무 위에 집을 짓는다. 나무는 땅에 깃들어 흙 속에서 물과 자양분을 빨아먹고 하늘의 기운을 숨쉬며 살아간다. 그러니까 까치든 나무든 깃드는 곳은 땅이다. 물고기조차도 깃드는 곳은 땅이다. 물고기가 사는 곳은 천상천(天上川) 은하수가 아니라 땅 위에서 흐르는 물이다. 땅은 모든 살아 있는 몸의 보금자리다.

땅에 뿌리를 박고 하늘에 가지를 뻗어 완벽한 조화와 균형 속에서 땅의 기운과 하늘의 기운을 동시에 빨아들이는 소나무는 수많은 자연 사물 가운데 박희진 선생이 특별히 주목하는 대상이다. 앞에서 읽어 본 〈십장생신명가〉에서만 해도 '우주의 중심에 소나무가 있나니'라는 구절이 첫 행과 마지막 행으로 반복되고 있다. 지상의 생명체 가운데 땅의 기운과 하늘의 기운을 동시에 빨아먹고 살아가지 않는 것은 없지만, 선생은 특히 소나무에서 그러한 생명체의 가장 고양된 모습을 발견하고 이를 찬미하는 것이다. 이때 소나무는 단순한 나무가 아니라 하늘과 땅 사이에서 살아가는 모든 존재의, 나아가서는 만물의 영장이라는 인간의 원형이 된다. 천지간에 살아가는 모든 존재는, 특히 인간은 소나무처럼 천기와 지기라는 두 기운의 조화와 균형 속에 있을 때라야 생명의 축제를 마음껏 누릴 수 있게 된다. 하지만, 실제로 소나무에서 발견되는 그 완벽한 조화와 균형 속에 살아가는 인간의 모델을 어디서 찾는단 말인가? 선생의 답은 지극히 간단하고 명쾌하다. ── 조금도 어렵지 않다. 고요하게 묻혀 사는 이 사람을 보라!

사흘 밤 사흘 낮의 강설로 덮인
심산유곡의 적막을 아시는가.
적설의 무게로, 어쩌다가 우지끈
가지 부러지는 소리나 들릴 뿐.

물 소리, 바람 소리, 새 소리도 끊어졌다.
달력도 없는 하이얀 산방(山房),
노승은 이런 때 아직도 멀쩡한
수족이 고맙고, 화로가 고맙다.

솔잎의 백설을 가득 담은 주전자를
화로에 올려놓고 끓기를 기다린다.
정성껏 달여 홀로 마시는 차…

찻물이 노승의 창자를 적실 쯤엔
그의 마른 온몸에서 선향(禪香)이 풍기고

그는 어김없이 다신(茶神)이 되어 있다. 〈'다신송(茶神頌)' 전문〉

이 정도면 인간 내지 인간 삶의 이상형이라 할 만하지 않겠는가? 차를 마시다가 차와 하나 되는 노승이라면 소나무를 보다가는 소나무와 하나 되고, 강물을 보다가는 강물과 하나 되고, 아마도 자연 현상의 소리에 귀 기울이다가는 육신의 귀에 들리지 않는 정적의 소리까지 들을 수 있으리라. 그리고 저잣거리의 잡다한 소음에서조차 솔바람 소리나 대바람 소리를 들을 수 있으리라.

청명한 날의 소나무는 하늘의 악기,
하늘의 기운, 바람이 타는 악기,
그것도 가장 좋은 하늘의 기운,
은하수에서 불어오는 바람이
즐겨 타는 악기. 〈'몰운대의 소나무' 중에서〉

우주에는 하나의 큰 소리가 있다. 그것은 일월성신을 운행케 하는 거대한 에너지이자 거대한 파동이다. 너무 커서 인간의 귀에는 들리지 않는 정적일 뿐이나 모든 소리의 원형이다. 이 시원의 소리를 어떤 이는 '오옴'이라 하고 어떤 이는 '율려(律呂)'라 한다. 명칭이야 어쨌든 그것은 육신의 귀로는 들을 수 없는 우주율(宇宙律)이다. 더없이 그윽하고 아름답고 신묘할 그 소리를 짐작할 수 있는 단서가 있으니, 솔잎·댓잎에 스치는 바람 소리, 폭포수 소리, 광활한 바다의 파도 소리 등이 그것이다. 이런 소리들은 인간에게 생명을 주며 인간과 자연을 이어 준다. 물론 더 가까운 데, 더 작은 데서도 시원의 소리를 더듬을 수 있다. 시냇물 흐르는 소리, 가랑잎 떨어지는 소리, 새소리, 풀벌레 우는 소리, 물고기 헤엄치는 소리, 기러기 날아가는 소리, 된장찌개 끓는 소리, 아기의 울음소리, 거문고 소리, 피아노 소리, 병아리 삐악삐악 소리… 이처럼 시원의 소리를 가늠케 하는 무수한 소리들. 모두 고요로 통하고 우주의 근원으로 통한다. 그러나 똑같은 소리가 듣는 귀에 따라 생명의 소리가 되기도 하고, 무의미한 음향이 되기도 하고, 때로는 소음이 되기도 한다. 같은 시냇물 소리가 사람에 따라 달리 들리는 법이니, 〈다신송〉의 노승 같은 이라면 시냇물 흐르는 소리에서도 시원의 소리, 생명의 우주율을 듣지 않을까? 현상 세계를 살면서 시원의 소리를 들을 줄 아는 이의 영혼은 아름답다. 그런 의미에서 소나무를 보며 '은하수에서 불어오는 바람이 즐겨 타는 악기'의 소리를 듣는 시인 역시 아름다운 영혼의 소유자임에 틀림없다. 이쯤에서 우리는 박희진 선생이 시를 통해 그려 내는 인간의 이상형, 곧 천지인일기(天地人一氣)의 묘리를 체득한 인간의 유형이 곧 그의 자화상은 아닐까 생각하게 된다.

2005년 8월 31일

박희진 전집 ③
후기시집 Ⅰ

1판 1쇄 찍음 2005년 10월 05일
1판 1쇄 펴냄 2005년 10월 10일

지 은 이 : 박희진
펴 낸 이 : 최두환
펴 낸 곳 : 도서출판 **시와 진실**
출판등록 : 1997. 6. 11 제 2-2389호
주   소 : 서울시 동작구 상도 1동 557
          TEL : 02)813-8371
          FAX : 02)813-8377
E-mail : ambros@hananet.net

정가 : 18,000원
ISBN 89-90890-11-X 04810
ISBN 89-90890-05-5 (세트)